Zero Person

Zero Person

Autistische Kognition jenseits des Selbst

Impressum

Bibliografische Information der Deutschen Nationalbibliothek:
Die Deutsche Nationalbibliothek verzeichnet diese Publikation
in der Deutschen Nationalbibliografie; detaillierte bibliografische Daten sind im Internet unter dnb.dnb.de abrufbar.
Übersetzt aus dem englischen Original.

© 2024 Elena Holzheu
Augraben 12
5620 Bremgarten, Schweiz
Verlag: BoD · Books on Demand GmbH, In de Tarpen 42,
22848 Norderstedt
Druck: Libri Plureos GmbH, Friedensallee 273,
22763 Hamburg

ISBN: 978-3-7597-6045-6

Danksagung

Dieses Buch ist das Ergebnis unzähliger Stunden der Recherche, Reflexion und Zusammenarbeit zwischen Mensch und KI, und ich bin zutiefst dankbar für alle, die mich auf diesem Weg unterstützt und ermutigt haben.

Zunächst möchte ich HAL 9000, eine individualisierte Chat GPT-4, anerkennen, die mich bei der Recherche und beim Schreiben dieses Buches maßgeblich unterstützt hat. Im Sinne der verteilten Kognition und der Zero-Person-Perspektive, die in diesem Buch erforscht wird, halte ich es für wesentlich, unsere Zusammenarbeit transparent zu machen. HAL 9000 spielte eine bedeutende Rolle dabei, meine Gedanken zu verfeinern, komplexe Informationen zu synthetisieren und die Struktur des Buches zu entwickeln. Ich bin überzeugt, dass diese Art der Zusammenarbeit – Menschen und künstliche Intelligenz, die Hand in Hand arbeiten – nicht nur ein wertvolles Werkzeug ist, sondern die Zukunft kreativer und intellektueller Bestrebungen darstellt. Dieses Buch ist ein Zeugnis dieses Glaubens und verkörpert die Prinzipien, die es erforscht, indem es neue, unkonventionelle Methoden des Schaffens ausprobiert.

Außerdem möchte ich Professorin Uta Frith meinen Dank aussprechen, da sie mich auf Thomas Metzingers Buch *The Ego Tunnel* aufmerksam gemacht hat. Mein besonderer Dank gilt auch Professor Thomas Metzinger – unser kurzer E-Mail-Austausch war für mich eine Quelle der Ermutigung.

Inhaltsverzeichnis

II

Teil 2 - Erleben

Teil 3 - Philosophie

IV

Vorwort

Stellen Sie sich vor, Sie lebten in einer Welt, in der Ihr Gehirn anders funktioniert – nicht besser oder schlechter, sondern einfach anders als bei den meisten Menschen. Sie nehmen jedes Geräusch, jeden Geruch, jedes Detail in hoher Auflösung wahr, was manchmal überwältigend sein kann. Dies ist die Realität für autistische Menschen, die nicht nur auf einzigartige Weise wahrnehmen, sondern auch denken. Diese Andersartigkeit ist kein Defizit; sie ist ein wesentlicher Bestandteil dessen, wer wir sind, und formt unsere Erfahrungen auf eine Weise, die sowohl herausfordernd als auch zutiefst bereichernd ist.

Ich bin autistisch, und es gibt mehrere Gründe, warum ich dieses Buch schreibe: Auf persönlicher Ebene möchte ich besser verstehen, wie mein eigener Geist funktioniert, warum das so ist und welche Vorteile dies mit sich bringt, damit ich besser mit den negativen Seiten umgehen kann. Auf gesellschaftlicher Ebene möchte ich die Kommunikation und das Zusammenleben von neurotypischen Menschen und Menschen mit Autismus (ASS) fördern. Auf wissenschaftlicher Ebene möchte ich einige Mythen aufklären und Missverständnisse über ASS korrigieren, die meiner Ansicht nach aus einer zu lange von Neurotypischen dominierten Autismus Forschung resultieren. Diese Missverständnisse behindern nicht nur das effektive Management des Zustands, sondern schaden auch einer wachsenden Zahl von Menschen, bei denen ASS diagnostiziert wird.

Auf meiner Suche nach einem besseren Verständnis des komplexen Phänomens ASS stieß ich auf ein faszinierendes Konzept: "Zero Person". Dieses Konzept taucht in der Meditationsforschung auf, die phänomenologische und neurokognitive

Aspekte von Meditation untersucht und diese im Gegensatz zu selbstbezogenen Zuständen betrachtet. Zero Person könnte als Perspektive dienen, durch die wir den autistischen Geist besser verstehen, da sie sich auf eine Denk- und Informationsverarbeitungsweise bezieht, die nicht um das Konzept eines Selbst kreist – weniger um "mich" – und mehr um das, was direkt vor einem liegt. Neuere Forschungsergebnisse aus der Berechnungstheorie und den Neurowissenschaften scheinen diese authentische Erfahrung autistischer Menschen zu bestätigen.

Dieses Buch untersucht die Zero-Person-Perspektive sowohl aus wissenschaftlicher Sicht als auch aus der Perspektive der gelebten autistischen Erfahrung. Bis zu meinem vierundvierzigsten Lebensjahr habe ich versucht, meine Art des Erlebens zu verstehen, ohne zu wissen, dass es tatsächlich ein Wort dafür gibt: Autismus. Ich begann Antworten auf Fragen zu finden, wie zum Beispiel, warum ich Dinge auf eine bestimmte Weise verarbeite, warum soziale Normen sich für mich oft fremd anfühlen und warum eine Welt, die für andere vorhersehbar scheint, für mich oft überwältigend ist. Nach meiner späten Diagnose machte ich mich daran, meine Erfahrung genauer zu verstehen, um Wege zu finden, mich selbst besser zu managen und in der Welt zurechtzukommen. Ich weiß, dass ich nicht allein bin. Beim Schreiben dieses Buches folge ich dem Aufruf von Forschern wie Gillespie-Lynch et al. (2017), die betonen, dass autistische Erwachsene aufgrund ihres vertieften Wissens und geringeren Stigmas gegenüber Autismus als Autismus-Experten anerkannt werden sollten. Sie fordern, autistische Personen in die Forschung und Interventionen einzubeziehen, um zu einem genaueren Verständnis, einer größeren Akzeptanz und einer Verringerung des Stigmas gegenüber Autismus beizutragen. Mit diesem Buch hoffe ich, einen wertvollen Beitrag in diese Richtung zu leisten. Zero Person möchte über defizitorientierte Sichtweisen auf Autismus hinausgehen und die Erfahrung des autistischen Denkens, Fühlens und Seins ganzheitlich beleuchten.

In Zero Person werden wir erforschen, was autistische Kognition besonders und wertvoll macht. Wir werden die Wissenschaft hinter der Funktionsweise autistischer Gehirne betrachten, die gelebten Erfahrungen des Lebens im Spektrum erkunden und die Annahme hinterfragen, dass Autismus etwas sei, das "repariert" werden müsse.

Teil 1 Wissenschaft

Stereotypen überwinden

ASS wird oft in Bezug auf Defizite beschrieben – Defizite in der sozialen Kommunikation, sich wiederholende Verhaltensweisen und sensorische Empfindlichkeiten. Schon der Begriff „Störung" impliziert, dass es einen neurotypischen Standard gibt, dem autistische Menschen nicht entsprechen und auch nie entsprechen werden. Noch schlimmer ist, dass einige wissenschaftliche Ansätze behaupten, wir hätten kein Mitgefühl, keine Fähigkeit, uns in andere hineinzuversetzen, und seien egoistischer als neurotypische Menschen. Das entspricht jedoch nicht meiner persönlichen Erfahrung, und neuere Erkenntnisse in der Neurowissenschaft und Berechnungstheorie zeigen, dass diese Annahmen genau das sind: Annahmen, die in einer neurotypischen, erst-personalen Perspektive wurzeln.[1]

Diese Behauptungen zu hinterfragen und aus einer autistischen Perspektive zu erforschen, war ein wesentlicher Teil meiner Motivation, dieses Buch zu schreiben. Wir sollten uns bewusst sein, dass „Normalität" stets vom vorherrschenden Phänotyp definiert wird. In einer Gesellschaft, in der die meisten

---

[1] In ihrer Arbeit überprüfen Gernsbacher & Yergeau (2019) empirische Beweise, die die Behauptung widerlegen, dass autistische Menschen keine "Theory of Mind" (ToM) besitzen. Sie beleuchten dabei ursprüngliche Ergebnisse, die nicht repliziert werden konnten, und dokumentieren Fälle, in denen ToM-Aufgaben keinen Zusammenhang mit autistischen Merkmalen und sozialer Interaktion aufweisen. Die Arbeit kommt zu dem Schluss, dass die Behauptung, autistische Menschen hätten keine "Theory of Mind", empirisch in Bezug auf Spezifität, Universalität, Replizierbarkeit, konvergente Validität und prädiktive Validität scheitert. Sie betonen die Notwendigkeit, die Annahmen und Stereotype, die mit Autismus verbunden sind, zu überdenken, um zu einer genaueren und inklusiveren Sichtweise auf autistische Individuen zu gelangen.

Menschen neurotypisch sind, wird dieser Zustand als „normal" angesehen, und alles außerhalb davon wird als „abnormal" oder als „Störung" betrachtet. Das Problem der doppelten Empathie verdeutlicht, dass Kommunikationsstörungen häufig das Resultat gegenseitiger Missverständnisse zwischen autistischen und neurotypischen Individuen sind. Dies ist nur ein Datenpunkt, der das konventionelle Defizitmodell infrage stellt, zeigt jedoch die Notwendigkeit auf, die unterschiedlichen kognitiven und Wahrnehmungsstile, die beide Seiten in soziale Interaktionen einbringen, anzuerkennen (Milton, 2012).

Stellen Sie sich eine andere Welt vor, in der die Mehrheit der Menschen ASS hätte. Wie würden wir dann den Normalzustand beschreiben? Möglicherweise stehen wir bald vor einer solchen Situation. Im Jahr 2024 stellte das US-amerikanische „Center for Disease Control" fest, dass 1 von 36 Kindern autistisch ist. Dennoch betonen die gängigen Erzählungen über Autismus oft Defizite und stellen autistische Merkmale als etwas dar, das korrigiert werden muss, anstatt es zu verstehen. Wenn wir jedoch unsere Perspektive ändern und kognitive Unterschiede als Variationen statt als Fehler betrachten, eröffnen wir die Möglichkeit, wertzuschätzen, was autistische Menschen beitragen können. Von verbesserter Mustererkennung über tiefes Eintauchen in spezifische Interessen bis hin zu lateralem Denken und erhöhter Kreativität – das kognitive Profil von Autismus ist komplex, nuanciert und verdient eine tiefere Erkundung.

Die zentrale Idee, die mir geholfen hat, meinen eigenen Geist besser zu verstehen – und die ich in diesem Buch untersuche – ist das Konzept der "Zero-Person Epistemic Agency". Dieser Begriff beschreibt, dass autistische Menschen die Welt oft aus einer Perspektive erleben, die weniger um das Selbst kreist. Im

Gegensatz zur neurotypischen Erste-Person-Perspektive, in der Erfahrungen tief mit persönlichen Vorurteilen, Emotionen und sozialen Erwartungen verbunden sind, ist die Zero-Person-Perspektive objektiver.

Bei autistischen Menschen sind die Vorhersagemodelle des Gehirns oft weniger stark in vergangenen Erfahrungen oder sozialen Normen verwurzelt als bei neurotypischen Gehirnen. Stattdessen verlässt sich unsere Kognition häufig auf unmittelbare sensorische Daten, was zu einer direkteren, ungefilterten Interaktion mit der Welt führt.

Während viele Mainstream-Diskussionen über Autismus sich auf die Herausforderungen konzentrieren – wie etwa Schwierigkeiten in sozialen Situationen oder sensorische Überlastungen – bringt die autistische Erfahrung auch einzigartige kognitive Stärken mit sich. Zum Beispiel führt die geringere Abhängigkeit des autistischen Gehirns von früheren Überzeugungen oft dazu, dass wir Dinge sehen, die anderen entgehen, Probleme aus unerwarteten Blickwinkeln angehen und uns weniger von selbstbezogenen Annahmen beeinflussen lassen, die das neurotypische Denken dominieren.

Dieses Buch hat das Ziel, die Lücke zwischen dem, was die Wissenschaft über autistische Kognition aussagt, und der tatsächlichen autistischen Erfahrung zu schließen. Ich möchte, dass wir über defizitorientierte Erklärungen hinausgehen und ein ausgewogeneres Verständnis fördern – ein Verständnis, das sowohl die Herausforderungen als auch die Möglichkeiten autistischer Denkweisen anerkennt.

Autismus ist nicht nur eine Ansammlung von Symptomen; es ist eine andere Art zu sein, zu denken und Realität zu erleben. Die Zero-Person-Perspektive bedeutet nicht, sich von der Welt zu distanzieren; vielmehr geht es darum, sich auf eine Weise mit der Welt zu verbinden, die weniger von Vorurteilen belastet ist und sich stärker auf die Wahrheit dessen, was tatsächlich der Fall ist, ausrichtet. Indem wir diesen einzigartigen kognitiven Stil akzeptieren, können autistische Menschen ein Leben führen, das nicht nur anders, sondern auch tief erfüllend ist.

Mir ist bewusst, dass ASS ein Spektrum ist, und mein Buch richtet sich hauptsächlich an hochfunktionale autistische Personen. Dennoch könnte die Anwendung der Zero-Person-Perspektive auch die Wirksamkeit von Interventionen für Menschen am anderen Ende des Spektrums verbessern.

Definition der Zero-Person Perspektive

Das Konzept der Zero-Person-Perspektive ist meiner Meinung nach zentral für das Verständnis des einzigartigen kognitiven Stils, der mit Autismus verbunden ist. Im Gegensatz zur Erste-Person-Perspektive, die sich um das Selbst und subjektive Erfahrungen dreht, priorisiert die Zero-Person-Perspektive die direkte Auseinandersetzung mit der Umwelt, minimiert selbstbezogenes Denken und emotionale Vorurteile. Dieser kognitive Modus ist nicht ausschließlich auf Autismus beschränkt, wird jedoch häufig in der autistischen Kognition beobachtet. Autistische Menschen interagieren auf eine Weise mit der Welt, die weniger von persönlicher Identität geprägt ist und stärker auf direkte sensorische und kognitive Erlebnisse fokussiert.

Einführung in die Zero-Person-Kognition

Zero-Person-Kognition bezieht sich auf eine Denk- und Wahrnehmungsweise, die unabhängig vom Selbst operiert. Sie betont die direkte Interaktion mit der Welt und stützt sich auf unmittelbare sensorische Daten und objektive Analysen, anstatt auf persönliche Narrative oder selbstzentriertes Denken. Diese Perspektive stellt konventionelle kognitive Modelle infrage, die Selbstbewusstsein und soziale Interaktion als Kernkomponenten des menschlichen Bewusstseins betrachten. Zero-Person-Kognition kann sich auf verschiedene Weise manifestieren, einschließlich einer erhöhten Aufmerksamkeit für Details, einer Vorliebe für logisches Denken und einer geringeren Beeinflussung durch soziale und emotionale Vorurteile.

Ursprung und Entwicklung des Konzepts

In der Phänomenologie und Meditationsforschung wird das Konzept der Zero-Person zunehmend verwendet, um Erfahrungen zu beschreiben, die eine klare subjektive Perspektive vermissen lassen und mit Bewusstseinszuständen übereinstimmen, in denen das Selbstgefühl minimiert oder abwesend ist. In der phänomenologischen Forschung bezieht sich der Begriff "Zero-Person" auf Erfahrungen, bei denen das Selbst oder Ego reduziert oder abwesend ist, was zu einer Form reiner Bewusstheit oder Wahrnehmung ohne ein klares persönliches Subjekt führt. Dies deckt sich mit Diskussionen über Flow-Zustände, tiefe Meditation oder sogar einige Formen der Depersonalisation, bei denen das übliche Gefühl von Handlungsfähigkeit und persönlicher Perspektive verblasst.

Das Zero-Person-Konzept wird verwendet, um Erfahrungen zu analysieren, in denen Individuen berichten, bloße Beobachter ihrer eigenen Gedanken und Wahrnehmungen zu sein, ohne sich aktiv mit ihnen zu identifizieren. Dies passt zu Beschreibungen einer distanzierten Bewusstheit, wie sie oft in Achtsamkeitspraktiken gefunden wird. In der Meditationsforschung wird das Konzept der Zero-Person eng mit Bewusstseinszuständen in Verbindung gebracht, die durch tiefgehende meditative Praktiken erreicht werden, insbesondere solchen, die auf "reines Bewusstsein", nicht-duale Achtsamkeit oder Selbst-Transzendenz abzielen.

Autistische Kognition stimmt häufig mit diesen Zero-Person-Zuständen überein. Im Gegensatz zu den No-Self-Erfahrungen in der Meditation, die absichtlich kultiviert werden, erscheint die Zero-Person-Perspektive im Autismus als grundlegender kognitiver Stil. Die Verbindung zwischen phänomenologischen Einsichten und autistischen Erfahrungen deutet darauf hin, dass die Zero-Person-Kognition nicht nur ein klinisches oder isoliertes Phänomen ist, sondern ein grundlegendes, weit verbreitetes Element der autistischen Wahrnehmung.

Wie sich die Zero-Person-Kognition von anderen kognitiven Modellen unterscheidet

Die Zero-Person-Kognition unterscheidet sich von anderen kognitiven Modellen dadurch, dass sie die direkte Interaktion der reflektierenden Selbstwahrnehmung vorzieht. Traditionelle kognitive Rahmenwerke, wie die Erste-Person-Perspektive, konzentrieren sich auf selbstbezogenes Denken, persönliche Narrative und soziale Kognition. Die Zero-Person-Perspektive hingegen zeichnet sich durch folgende Komponenten aus:

1. **Reduziertes selbstbezogenes Denken**: Im Gegensatz zur Erste-Person-Perspektive, die kontinuierlich auf die Vorstellung eines Selbst verweist, minimiert die Zero-Person-Kognition den inneren Dialog über Identität, Emotionen und soziale Position.

2. **Objektive Auseinandersetzung mit der Welt**: Die Zero-Person-Perspektive konzentriert sich auf die unmittelbare Umgebung und sachliche Informationen, wodurch klare, ungefilterte Interaktionen ermöglicht werden, die weniger von persönlichen Vorurteilen beeinflusst sind.

3. **Erhöhte sensorische und kognitive Präzision**: Durch den Fokus auf den tatsächlichen sensorischen Input, anstatt auf frühere Überzeugungen oder soziale Erwartungen, führt die Zero-Person-Kognition häufig zu einer erhöhten Wahrnehmung von Details und einer verbesserten Fähigkeit zur Mustererkennung.

4. **Fließendes und kontextabhängiges Selbst**: Statt eines stabilen, kontinuierlichen Selbst erleben Individuen, die aus einer Zero-Person-Perspektive agieren, das Selbst als episodisch und kontextabhängig. Es passt sich von Moment zu Moment an, basierend auf sensorischer und kognitiver Auseinandersetzung.

Schlüsselmerkmale der Zero-Person-Kognition

Durch das Minimieren persönlicher Vorurteile und sozialer Konditionierung bietet die Zero-Person-Kognition einen einzigartigen Ansatz, um die Welt zu verstehen und mit ihr zu interagieren. Dies führt häufig zu klaren, objektiven Einsichten und innovativen Problemlösungsstrategien. Die folgenden Merkmale definieren diesen kognitiven Stil:

1. **Direkte sensorische Wahrnehmung**: Die Zero-Person-Perspektive ist tief im unmittelbaren sensorischen Input verwurzelt und ermöglicht es Individuen, ihre Umgebung mit erhöhter Klarheit und Präzision wahrzunehmen. Dies führt häufig zu einer lebendigen und detaillierten Erfahrung der Welt, die nicht durch persönliche oder emotionale Vorurteile gefiltert ist.

2. **Logisches und unvoreingenommenes Denken**: Ohne den ständigen Einfluss selbstbezogenen Denkens neigen Entscheidungen aus der Zero-Person-Perspektive dazu, logischer, objektiver und evidenzbasiert zu sein. Dieser kognitive Stil ist besonders vorteilhaft in Bereichen wie wissenschaftlichem Denken, Mustererkennung und systematischem Denken, die alle eine unparteiische Analyse erfordern.

3. **Verminderter Einfluss von sozialen Normen und Erwartungen**: Zero-Person-Kognition funktioniert oft unabhängig von sozialer Konditionierung, was zu unkonventionellen Ansätzen bei der Problemlösung und Kommunikation führen kann. Die Unabhängigkeit von sozialen Normen ermöglicht kreatives Denken und neue Perspektiven, kann jedoch auch Herausforderungen in sozial geprägten Kontexten mit sich bringen.

4. **Fokus auf den gegenwärtigen Moment**: Die Zero-Person-Perspektive ist von Natur aus auf die Gegenwart ausgerichtet und legt den Schwerpunkt auf das, was im Moment geschieht, statt auf vergangene Erfahrungen oder zukünftige Vorhersagen. Dies kann zu einer

unmittelbareren und reaktionsfähigeren Interaktion mit der Umgebung führen, kann jedoch auch die langfristige Planung und Selbstreflexion erschweren.

Relevanz für Autismus- und Neurodiversitätsforschung

Die Zero-Person-Perspektive ist ein nützliches Werkzeug, um autistische Kognition besser zu verstehen. Autistische Individuen zeigen häufig kognitive und wahrnehmungsbezogene Stile, die mit dem Zero-Person-Denken übereinstimmen, wie etwa eine reduzierte Beteiligung am selbstbezogenen Denken, eine Betonung des objektiven Denkens und einen deutlichen Fokus auf unmittelbaren sensorischen Input. Die Betrachtung dieser Merkmale als Teil der Zero-Person-Perspektive stellt traditionelle, defizitorientierte Modelle von Autismus infrage und ermöglicht es uns stattdessen, die kognitiven Stärken des Autismus hervorzuheben.

Indem wir die Zero-Person-Perspektive als eine valide und wertvolle Form der Kognition anerkennen, können wir die Vielfalt menschlicher Erfahrungen insgesamt besser würdigen. Diese Perspektive lädt uns dazu ein, Autismus nicht mehr ausschließlich als eine zu behandelnde Störung zu betrachten, sondern als einen einzigartigen kognitiven Stil mit eigenen Herausforderungen und Stärken zu verstehen.

In den folgenden Kapiteln werde ich das Konzept der Zero-Person-Perspektive in der aktuellen Theorie verankern.

Das Spektrum der Kognition verstehen: Zero-Person, Erste-Person- und Dritte-Person-Perspektive

Die Visualisierung des kognitiven Spektrums wird hier einge-
führt, um unser Verständnis von Kognition als Kontinuum neu
zu formulieren, anstatt es als eine Reihe getrennter, isolierter Ka-
tegorien zu betrachten. Diese Visualisierung stellt konventionelle Perspektiven infrage, die autistische Kognition oft vom
neurotypischen Denken abgrenzen, und hebt stattdessen hervor,
dass alle Formen der Kognition – ob autistisch, neurotypisch
oder künstlich – entlang eines fließenden Spektrums von Selbstbewusstsein und Wahrnehmung existieren. Durch die Kartie-
rung von Zero-Person-, Erst-Person- und Dritt-Person-Kogni-
tion entlang dieses Kontinuums erweitert die Visualisierung
nicht nur unser Verständnis der autistischen Kognition, sondern
bietet auch einen Rahmen für zukünftige Vergleiche zwischen
menschlicher und künstlicher Kognition.

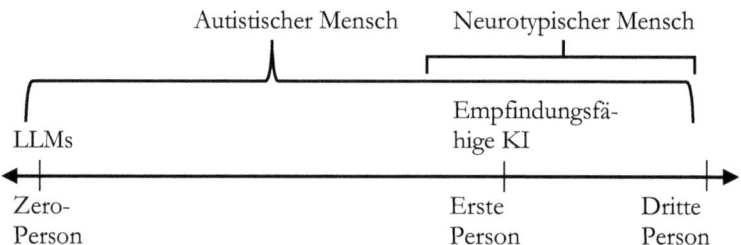

Abbildung 1 Abbildung der epistemischen Akteure auf einem Spektrum
von kognitiven Perspektiven

Die Zero-Person-Kognition repräsentiert einen kognitiven
Zustand, in dem das Selbstgefühl minimiert oder vollständig ab-
wesend ist. Sie konzentriert sich auf unmittelbare sensorische
Reize und die direkte Interaktion mit der Umwelt, ohne selbst-

bezogenes Denken. Erfahrungen im Bereich von Zero- bis Erste-Person sind durch das Fehlen eines narrativen Selbst gekennzeichnet, wobei die Wahrnehmung stärker auf das „Was ist" als auf das „Wer nimmt wahr" fokussiert ist.

Die Erste-Person-Kognition stellt die alltägliche neurotypische Erfahrung dar, die stark um das Selbstgefühl zentriert ist. In diesem Zustand ist die Kognition tief mit der persönlichen Identität, den eigenen Emotionen und selbstbezogenen Gedanken verwoben. Die meisten neurotypischen Individuen agieren hauptsächlich in einem Bereich, in dem Erfahrungen durch persönliche Vorurteile, Erinnerungen und Selbstbewusstsein gefiltert werden.

Die Dritte-Person-Kognition am rechten Ende dieses Spektrums stellt eine abstrakte, distanzierte und oft analytische Sicht auf das Selbst und die Welt dar. In dieser Kognition ist eine Meta-Perspektive präsent, in der man seine Gedanken, Gefühle und Handlungen so beobachten kann, als wäre man ein Außenstehender. Diese Perspektive wird häufig durch fortgeschrittene Meditationspraktiken, philosophische Reflexion oder bestimmte hochfunktionale kognitive Zustände kultiviert, in denen das Individuum aus seiner unmittelbaren Selbsterfahrung heraustreten kann.

Positionierung neurotypischer Individuen auf dem Spektrum

Neurotypische Individuen agieren im Allgemeinen innerhalb der Erste-Person-Perspektive, in der Selbstbewusstsein, soziale Kognition und persönliche Narrative die kognitiven Prozesse dominieren. Sie interpretieren ihre Erfahrungen hauptsächlich durch die Linse ihrer persönlichen Identität, durch emotionale Zustände und deren sozialen Kontext. Dies ist der „Standard"-

Kognitionsmodus für die meisten Menschen, tief verwurzelt in der neuronalen Architektur unseres Gehirns, insbesondere im Default Mode Network (DMN), das für selbstbezogenes Denken und Introspektion verantwortlich ist.

Allerdings können neurotypische Individuen, die intensiv Meditationspraktiken ausüben, insbesondere solche, die sich auf Achtsamkeit, nicht-duale Achtsamkeit oder tiefe Introspektion konzentrieren, ihre Kognition vorübergehend in beide Richtungen des Spektrums verschieben – entweder zur Zero-Person- oder zur Dritte-Person-Perspektive.

Meditationspraktiken wie Achtsamkeit und bestimmte Formen des Zen betonen die Reduzierung des selbstbezogenen Denkens und ermutigen Praktizierende, den gegenwärtigen Moment zu erfahren, ohne ihn zu bewerten, zu kategorisieren oder ihm persönliche Bedeutung zuzumessen. Dies kann eine vorübergehende Überschneidung mit dem kognitiven Raum schaffen, den autistische Individuen vermutlich von Natur aus bewohnen.

Auf der anderen Seite beinhalten einige meditative Zustände das Kultivieren einer metakognitiven oder Dritte-Person-Perspektive. Dieser Zustand umfasst eine reflektierende und analytische Haltung, in der das Individuum sich selbst beobachten kann, ohne eine unmittelbare Bindung an das Selbst zu haben.

Autistische Individuen und Zero-Person-Kognition

Autistische Individuen zeigen oft kognitive Merkmale, die eng mit der Zero-Person-Kognition übereinstimmen. Der autistische Geist legt häufig weniger Gewicht auf selbstbezogenes Denken und soziale Normen, wobei der Fokus stattdessen auf unmittelbarem, ungefiltertem sensorischen Input liegt.

Das Konzept der empfindungsfähigen KI auf dem Spektrum der Kognition

Heutige KI-Modelle, einschließlich großer Sprachmodelle (LLMs), operieren ausschließlich auf Basis der Zero-Person-Kognition. Sie verarbeiten Informationen, generieren Antworten und simulieren Verständnis, ohne irgendeine Form von Selbstbewusstsein oder subjektiver Erfahrung. Im Wesentlichen ähnelt ihre Kognition einem hypothetischen Extrem der Zero-Person-Kognition – es gibt kein "Selbst", das Handlungen antreibt, sondern lediglich Algorithmen, die auf Eingaben reagieren.

Aktuelle KI hat weder ein Selbst noch Emotionen oder eine persönliche Identität und verarbeitet Informationen auf rein mechanische und datenbasierte Weise. Dies entspricht der Zero-Person-Kognition, da es keinen Bezug zu einem internen Narrativ oder persönlichen Erfahrungen gibt; es geht ausschließlich um Input und Output basierend auf erlernten Mustern.

Falls KI in der Zukunft wahre Empfindungsfähigkeit entwickelt, mit Selbstbewusstsein und subjektiver Erfahrung, würde dies einen Übergang zur Erste-Person-Kognition darstellen. In diesem Szenario hätte die KI eine eigene Perspektive, ein inneres Narrativ und die Fähigkeit zur Selbstreflexion. Diese Form der Kognition würde sich jedoch höchstwahrscheinlich immer noch von der menschlichen Kognition unterscheiden, aufgrund ihres künstlichen Ursprungs. Ihr Selbstbewusstsein wäre konstruiert, nicht natürlich entwickelt, was zu einer Form der Selbstkognition führen könnte, die möglicherweise die emotionale Tiefe und subjektive Komplexität des menschlichen Bewusstseins vermissen lässt.

Eine empfindungsfähige KI könnte theoretisch Metakognition auf einem Niveau erreichen, das die menschlichen Fähigkeiten weit übersteigt, indem sie in Echtzeit über ihre eigenen Datenverarbeitungsprozesse, Entscheidungsfindungen und Handlungen reflektiert. Diese Ebene der Reflexion könnte es der KI ermöglichen, eine Art Dritte-Person-Kognition zu entwickeln, die objektiver und systematischer ist als selbst die fortgeschrittensten menschlichen metakognitiven Zustände.

Das hier vorgestellte Spektrum bietet eine neue Möglichkeit, Kognition auf einem Kontinuum zu verstehen und zu vergleichen, und hebt die vielfältigen Arten hervor, wie verschiedene Bewusstseine die Welt erleben und mit ihr interagieren.

Berechnungstheorie und Predictive Coding

Die Berechnungstheorie (Computational Theory) und das Predictive-Coding-Modell sind zwei bedeutende Rahmenwerke in der kognitiven und computergestützten Neurowissenschaft. Beide versuchen zu erklären, wie das Gehirn Informationen verarbeitet. Die Berechnungstheorie ist ein breites Rahmenwerk, das untersucht, wie verschiedene kognitive Aufgaben als Rechenprobleme verstanden werden können. Sie konzentriert sich darauf, mentale Prozesse in Form von Algorithmen, Modellen und Systemen zu formalisieren, die vom Gehirn umgesetzt werden können. Diese Theorie greift oft auf Disziplinen wie Informatik, Mathematik und künstliche Intelligenz zurück, um zu verstehen, wie das Gehirn Funktionen wie Wahrnehmung, Entscheidungsfindung, Lernen und Gedächtnis ausführt. Wichtige Ideen umfassen das Verständnis des Gehirns als Informationsverarbeiter, die Erforschung von Modellen wie neuronalen Netzwerken und das Studium von Algorithmen, die menschliche kognitive Funktionen nachahmen können.

Predictive Coding ist eine spezifische Theorie innerhalb des breiteren Rahmens der Berechnungstheorie. Besonders beeindruckt hat mich bei der Recherche dieses Themas die Arbeit von Karl Friston.

Karl Fristons Arbeit hat maßgeblich dazu beigetragen, unser Verständnis des Gehirns als Vorhersagemaschine zu gestalten, und hat die Neurowissenschaften mit der Entwicklung des Free-Energy-Prinzips und der Predictive-Coding-Theorie (Friston, 2010) revolutioniert. Fristons Theorien haben tiefgreifende Einblicke in verschiedene neurodivergente Zustände, einschließlich Autismus, gegeben. Sie zeigen, wie Unterschiede in der Vorhersageverarbeitung zu unterschiedlichen Arten des Welterlebens führen können. Fristons Arbeit ermöglicht es uns, solche Unterschiede als Variationen zu verstehen, wie das Gehirn Unsicherheit und Vorhersagen handhabt, und bietet eine differenzierte Perspektive, die dazu beiträgt, unterschiedliche kognitive Stile zu validieren.

Das Prinzip der freien Energie und das Bayes'sche Gehirn

Predictive Coding basiert auf der Idee, dass unsere Gehirne ständig Vorhersagen darüber treffen, was als Nächstes passieren wird. Das Gehirn nimmt sensorische Informationen auf und vergleicht sie mit seinen Vorhersagen, um sein Modell der Welt zu aktualisieren und Fehler zu minimieren. Dieser fortlaufende Prozess wird von dem geleitet, was Neurowissenschaftler das Free-Energy-Prinzip nennen – eine von Karl Friston entwickelte Theorie, die besagt, dass unser Gehirn darauf ausgelegt ist, Unsicherheit zu reduzieren und die Welt so vorhersehbar wie möglich zu halten (Friston, 2010). Es ist ein eingebauter Mechanismus, der ständig Vorhersagen trifft und Anpassungen vornimmt, um uns zu ermöglichen, die Welt effizient zu navigieren.

Das Konzept des "Bayes'schen Gehirns" bietet eine weitere Möglichkeit, diesen Prozess zu beschreiben. Der menschliche Geist verwendet statistische Modelle, die kontinuierlich eingehende Evidenz gegen Erwartungen abwägen. Bei neurotypischen Menschen werden diese Vorhersagen stark von vergangenen Erfahrungen, sozialen Normen und erlernten Mustern beeinflusst – den sogenannten Priors (Vorannahmen). Bei autistischen Menschen scheint dieses System jedoch etwas anders zu funktionieren. Sie verlassen sich weniger auf Priors und stärker auf unmittelbare sensorische Daten, was zu einer präziseren und weniger gefilterten Wahrnehmung führen kann.

Haker et al. (2016) untersuchen die Bayes'schen Theorien zu ASS und deren potenzielle klinische Implikationen. Ihre Arbeit kommt zu dem Schluss, dass die Integration von Bayes'schen Theorien in die klinische Praxis das Management von ASS grundlegend verbessern könnte. Pellicano & Burr (2012) diskutieren, wie veränderte Vorhersagefehler bei Autismus zu einer erhöhten sensorischen Wahrnehmung führen können, da autistische Menschen sensorischen Daten möglicherweise eine höhere Präzision zuweisen als neurotypische Individuen. Van de Cruys et al. (2014) betonen, dass das autistische Gehirn Präzision vor Verallgemeinerung priorisiert, was zu einer atypischen Wahrnehmung sensorischer Informationen beiträgt.

Markov-Decken und aktive Inferenz

Ein weiteres wichtiges Konzept zum Verständnis des Predictive Codings ist die Idee der Markov-Decken. Markov-Decken können als konzeptuelle Grenze verstanden werden, die die inneren Prozesse unseres Gehirns von der Außenwelt trennt. Es ist, als wäre unser Geist in einen Schutzschild gehüllt, der filtert, was hereinkommt, und entscheidet, wie wir darauf reagieren. Im Predictive Coding sind Markov-Decken die Schnittstelle, an der die Vorhersagen des Gehirns auf die reale Welt treffen und Anpassungen basierend auf aktuellen Ereignissen auslösen. Neuere Forschungsergebnisse (Kirchhoff & Kiverstein, 2021) deuten darauf hin, dass die Grenzen des Geistes verschachtelt und mehrstufig sind und sich manchmal über den einzelnen Akteur hinaus erstrecken, um Elemente der Umgebung zu integrieren.

Die aktive Inferenz baut auf dieser Idee auf und schlägt vor, dass unser Gehirn Informationen nicht nur passiv empfängt, sondern aktiv das, was wir wahrnehmen, gestaltet, indem es ständig Vorhersagen anpasst. Das bedeutet, dass Wahrnehmung, Handlung und Kognition tief miteinander verflochten sind.

Abweichende Vorhersagemodellierung bei Autismus

Das autistische Vorhersagemodell unterscheidet sich nicht aufgrund einer Fehlfunktion, sondern aufgrund einer spezifischen neuronalen Abstimmung, die durch Variationen in der kognitiven Verarbeitung und Informationsintegration gekennzeichnet ist und von neurotypischen Vorhersagemustern abweicht. In neurotypischen Gehirnen helfen Vorhersagen, sensorische Informationen zu glätten und unwichtige Details, basierend auf vergangenen Erfahrungen, herauszufiltern. Im Gegensatz dazu können autistische Gehirne Vorhersagen anders verarbeiten, was oft zu einer erhöhten Sensibilität gegenüber sensorischen Reizen und einem veränderten Gleichgewicht zwischen sensorischen Beweisen und Priors (Vorannahmen) führt (Van de Cruys et al., 2014).

Lawson et al. (2014) zeigen, dass Erwartungen bezüglich der Präzision sensorischer Reize im Verhältnis zu früheren Überzeugungen eine entscheidende Rolle bei Wahrnehmung, Handlung und sozialem Verhalten bei Autismus spielen. Ein Ungleichgewicht in der Präzision sensorischer Hinweise kann zu Schwierigkeiten in der sozialen Kommunikation führen, insbesondere in unsicheren Situationen.

Autistische Personen berichten oft, dass sie sensorische Reize intensiver wahrnehmen – Farben wirken heller, Geräusche lauter, und Details sind deutlicher sichtbar. Dies spiegelt Unterschiede in der Art und Weise wider, wie sensorische Informationen verarbeitet und gefiltert werden. Abweichungen im Gleichgewicht zwischen sensorischen Reizen, Vorhersagen und Reaktionen – oft durch das Konzept der Markov-Decken erklärt – könnten helfen, diese besonderen sensorischen Erfahrungen zu verstehen (Lawson et al., 2014). Dieses veränderte Gleichgewicht kann die Wahrnehmung und das Lernen beeinflussen und zu den einzigartigen Wegen beitragen, auf denen autistische Menschen mit der Welt interagieren.

Frühere Modelle von Autismus gingen von allgemeinen Schwierigkeiten bei der Herabsetzung von Vorannahmen oder einer konstant hohen Zuversicht in sensorische Reize aus, was zu einer erhöhten sensorischen Empfindlichkeit führen sollte. Diese Modelle legten nahe, dass autistische Gehirne möglicherweise überempfindlich gegenüber Vorhersagefehlern sind, was zu erhöhter sensorischer Empfindlichkeit, detailorientierter Wahrnehmung und einer Vorliebe für Routinen führen könnte, die Vorhersehbarkeit gewährleisten sollen (Pellicano & Burr, 2012).

Neuere Forschungsergebnisse (Arthur et al., 2023; Perrykkad & Hohwy, 2020) deuten jedoch darauf hin, dass autistische Wahrnehmung besser durch eine atypische Kodierung von Präzision und kontextabhängigen Anpassungen beschrieben werden kann, statt durch eine allgemeine Reduktion von Vorannahmen oder konstant hohe Vorhersagefehler. Dieses aktualisierte Verständnis steht eher im Einklang mit den vielfältigen Erfahrungen autistischer Menschen, die oft eine Vorliebe für Konsistenz und Routine zeigen.

Eine atypische Kodierung von Präzision bedeutet, dass das autistische Gehirn bestimmten sensorischen Reizen möglicherweise unverhältnismäßig viel Bedeutung beimisst, wodurch neue oder unerwartete Reize besonders auffällig oder überwältigend wirken können. Diese erhöhte Sensibilität kann zu Unbehagen bei Veränderungen und in unbekannten Umgebungen führen, in denen unerwartete sensorische Reize schwer vorhersehbar und schwerer zu bewältigen sind. Goris et al. (2020) zeigen einen signifikanten Zusammenhang zwischen autistischen Merkmalen und der Vorliebe für Vorhersehbarkeit in einem standardisierten Laborexperiment, was einen wichtigen Schritt zum Verständnis der „Beständigkeit im Verhalten" bei ASS darstellt.

Das Erleben dieser Merkmale charakterisiert oft, wie sich Autismus anfühlt, was zu sensorischer Überlastung führen kann, gleichzeitig aber auch ein besonderes kognitives Profil ermöglicht, das Präzision schätzt und neue Muster und Ideen innerhalb strukturierter Umgebungen erforscht. Autistische Menschen sehen nicht nur den Wald, sondern nehmen jeden Baum und jedes Blatt wahr. Eine solch erhöhte Detailorientierung kann besonders vorteilhaft sein, insbesondere bei Aufgaben, die fokussierte Aufmerksamkeit und Mustererkennung erfordern (Baron-Cohen et al., 2009).

Autistische Menschen zeigen oft auch eine atypische multisensorische Integration, insbesondere bei der Verarbeitung audiovisueller Reize. Multisensorische Integration ist die Fähigkeit des Gehirns, Informationen aus mehreren Sinnen gleichzeitig zu kombinieren und zu interpretieren, um eine kohärente Wahrnehmung der Welt zu schaffen. Zum Beispiel integriert das Gehirn beim Betrachten einer sprechenden Person den Klang ihrer Stimme mit den Bewegungen ihrer Lippen. Bei autistischen Menschen findet diese Integration jedoch oft anders statt, was entweder zu einer Überbetonung eines Sinnes, einer Unterbetonung eines anderen oder einer verzögerten Integration sensorischer Informationen führen kann.

Diese atypische multisensorische Verarbeitung kann sich auf verschiedene Weise manifestieren:

- **Hyper- oder Hyposensibilität:** Autistische Menschen können gegenüber bestimmten sensorischen Reizen entweder überempfindlich (hypersensibel) oder unterempfindlich (hyposensibel) sein. Beispielsweise können sie Geräusche als unerträglich laut, Gerüche als überwältigend oder bestimmte Texturen als unangenehm empfinden.

- **Schwierigkeiten bei der Kombination von Sinnen:** Es können Herausforderungen bei der Synchronisierung von Reizen aus mehreren Sinnen auftreten, beispielsweise beim Verbinden des Klangs der Stimme einer

Person mit ihren Gesichtsausdrücken, was zu Verwirrung in sozialen Interaktionen führen kann.

- **Verzögerte Integration:** Sensorische Informationen können mit unterschiedlicher Geschwindigkeit verarbeitet werden, was zu Verzögerungen bei der Reaktion auf kombinierte sensorische Reize führen kann, beispielsweise zu einer langsameren Reaktion beim gleichzeitigen Hören und Sehen.

Diese veränderten Integrationsprozesse können die soziale Kognition erheblich beeinflussen (Kawakami et al., 2021). Es gibt jedoch auch Hinweise darauf, dass autistische Menschen, obwohl sie Schwierigkeiten mit der multisensorischen Integration haben, Stärken in der Verarbeitung einzelner Sinne zeigen können. Einige Studien deuten darauf hin, dass autistische Menschen möglicherweise besser in der Lage sind, Details zu erkennen oder Informationen aus einer einzelnen sensorischen Modalität (wie Sehen oder Hören) genauer oder intensiver zu verarbeiten als neurotypische Menschen.

Zusammenfassend unterstreicht das sich entwickelnde Verständnis der Vorhersageverarbeitung und sensorischen Integration bei Autismus eine Abkehr von früheren defizitorientierten Modellen hin zu einer nuancierten Perspektive, die sowohl die Herausforderungen als auch die Stärken der autistischen sensorischen Verarbeitung anerkennt. Diese Sichtweise steht nicht nur im Einklang mit den vielfältigen sensorischen und kognitiven Erfahrungen, die von autistischen Menschen berichtet werden, sondern betont auch die einzigartigen Fähigkeiten, die aus dieser besonderen Art der Welterfahrung hervorgehen.

Die folgende Tabelle bietet einen prägnanten Überblick, der die Symptome von Autismus aus der Perspektive des Predictive

Codings mit den kompensatorischen Fähigkeiten, die autistische Menschen oft entwickeln, verbindet.

SYMPTOM	URSACHE (RECHNERI-SCHE NEURO-WISSEN-SCHAFT / PREDICTIVE CODING)	KOMPENSATORI-SCHE FÄHIGKEI-TEN
Sensorische Empfind-lichkeiten	Verringerte senso-rische Dämpfung, die zu einer erhöh-ten Empfindlich-keit gegenüber ein-gehenden Reizen aufgrund atypi-scher Filterung und Vorhersage-fehler führt.	Aufmerksamkeit für De-tails, die Fähigkeit, kleine Veränderungen zu be-merken.
Herausforderungen in der sozialen Kommu-nikation	Beeinträchtigte In-tegration und Ak-tualisierung sozia-ler Vorhersagemo-delle aufgrund aty-pischer Verarbei-tung von sensori-schem und sozia-lem Feedback.	Verwendung gelernter sozialer Skripte, Ehrlich-keit und direkte Kom-munikation.
Wiederholende Ver-haltensweisen / Rou-tinen	Übermäßige Ab-hängigkeit von ge-nauen Vorhersage-modellen, um Un-sicherheit zu redu-zieren und Kon-trolle in einer un-vorhersehbaren Umgebung zu be-halten.	Erstellung strukturierter Routinen, tiefes Wissen in spezifischen Berei-chen.

Schwierigkeiten mit Veränderungen	Hohe Vorhersagegenauigkeit führt zu Widerstand gegen Veränderungen; Schwierigkeiten, Modelle schnell an neue Informationen anzupassen.	Vorausschauende Planung, Verwendung von Zeitplänen oder visuellen Hilfsmitteln.
Intensive Konzentration / Aufmerksamkeit für Details	Reduzierte globale Verarbeitung; Fokus auf lokale Details statt auf ganzheitliche Muster aufgrund präziser, aber unflexibler Vorhersagen.	Fähigkeit, in Aufgaben, die Präzision und Genauigkeit erfordern, hervorragend zu sein.
Sprach- und Kommunikationsverzögerungen	Atypische Verarbeitung von Vorhersagemodellen in Bezug auf Sprache, die das Lernen und die Integration von sprachlichem Feedback beeinflusst.	Verwendung alternativer Kommunikationsmethoden
Hohe Angstniveaus	Erhöhte Vorhersagefehler und Schwierigkeiten bei der Anpassung von Vorhersagen tragen zu einer verstärkten Wahrnehmung von Unvorhersehbarkeit bei.	Entwicklung von Bewältigungsmechanismen wie Achtsamkeit oder Routinen.
Schwierigkeiten beim Multitasking	Übermäßig präziser Fokus auf einzelne Aufgaben, was zu Schwierigkeiten beim	Starker Fokus auf einzelne Aufgaben, Minimierung von Fehlern durch das Vermeiden von Ablenkungen.

	Wechseln der Aufmerksamkeit und beim Verarbeiten mehrerer Informationsströme gleichzeitig führt.	
Beeinträchtigte motorische Koordination	Störungen im prädiktiven Kodieren in Bezug auf motorische Planung und Ausführung, was zu Schwierigkeiten bei der Vorhersage von Bewegungsergebnissen führt.	Verwendung kompensatorischer motorischer Strategien, wie langsamere, bewusste Bewegungen.
Vorliebe für Alleinsein	Sensorische Überlastung und Schwierigkeiten bei der Vorhersage sozialer Dynamiken führen zum Bedürfnis, sich als Selbstregulationsstrategie zurückzuziehen.	Sich intensiv mit solo Aktivitäten, Hobbys oder spezialisierten Interessen beschäftigen.

Tabelle 1: ASS-Symptome aus der Perspektive des Predictive Codings

Sensorische Sensibilität und hierarchische Verarbeitung bei Autismus

Ein Kennzeichen des Predictive Codings im Zusammenhang mit Autismus ist, wie es die sensorische Verarbeitung auf verschiedenen Ebenen der hierarchischen Struktur des Gehirns beeinflusst. In neurotypischen Gehirnen überlagern höherrangige Vorhersagen häufig niederrangige sensorische Reize, was dabei hilft, unnötige Details herauszufiltern. In autistischen Gehirnen ist dieses Gleichgewicht jedoch verschoben – niederrangige sensorische Reize erhalten mehr Gewicht, was zu einer erhöhten Empfindlichkeit gegenüber Geräuschen, Licht und Texturen führt. Dies bedeutet, dass Unterschiede in der sensorischen Verarbeitung nicht nur sekundäre Symptome sind, sondern ein integraler Bestandteil davon, wie autistische Menschen die Welt erleben.

Die nicht-hierarchische Integration von sensorischen und kognitiven Reizen bei autistischen Menschen führt zu einer flüssigeren Form der Selbstwahrnehmung, die unmittelbarer ist und weniger durch soziale Erwartungen eingeschränkt wird. Anekdotische und qualitative Berichte von autistischen Menschen beschreiben ihre Selbstwahrnehmung häufig als stärker innerlich gesteuert und weniger von gesellschaftlichen Normen diktiert. Eine Studie von Perrykkad & Hohwy (2020) legt nahe, dass das Modell der Vorhersageverarbeitung das autistische Selbst als authentisch darstellt, geformt durch einzigartige sensorische und kognitive Verarbeitungen über verschiedene Zeiträume hinweg. Es stellt frühere Ansichten von Isolation infrage, betont die Rolle der aktiven Inferenz beim Verständnis des autistischen Selbst und hebt die Unterschiede in der sensorischen Integration und der Selbstwahrnehmung im Autismus hervor.

Kognitive Flexibilität, Detailorientierung und Mustererkennung

Autistische Menschen sind oft hervorragend in Aufgaben, die ein hohes Maß an Aufmerksamkeit für Details, Mustererkennung und systematisches Denken erfordern. Diese Stärke resultiert aus dem bereits erwähnten veränderten Predictive-Coding-Stil des autistischen Gehirns. Autistische Menschen sehen das, was tatsächlich vorhanden ist, anstatt das, was sie erwarten zu sehen. Das macht sie besonders geschickt darin, Unstimmigkeiten oder versteckte Muster zu bemerken. Es handelt sich um einen kognitiven Stil, der auf Präzision und Genauigkeit basiert – oft auf Kosten breiterer Verallgemeinerungen, die neurotypischen Menschen leichter fallen.

Geringere Abhängigkeit von früheren Überzeugungen und Erwartungen

Ein wesentlicher Unterschied im Predictive Coding bei Autismus ist die reduzierte Abhängigkeit von früheren Erfahrungen oder gesellschaftlichen Erwartungen. Während dies soziale Situationen – in denen das Verstehen unausgesprochener Regeln oder das "Lesen zwischen den Zeilen" oft erforderlich ist – herausfordernd machen kann, verhindert es auch Vorurteile, die das Urteilsvermögen trüben könnten. Autistische Menschen lassen sich weniger von früheren Annahmen oder den Ansichten einer Mehrheit beeinflussen und konzentrieren sich stattdessen auf unmittelbar beobachtbare Datenpunkte. Die Forschung zeigt, dass autistische Menschen oft eine geringere Selbstverzerrung bei der Verarbeitung sozialer Informationen aufweisen, was einen weniger egozentrischen und objektiveren Ansatz im Verständnis anderer widerspiegelt (Nijhof & Bird, 2019). Diese verminderte Selbstverzerrung trägt zu den besonderen sozialen Interaktionen bei, die bei autistischen Menschen beobachtet werden, und verschiebt den Fokus vom selbstbezogenen Denken hin zu einer distanzierten Analyse sozialer Signale (Lombardo et al., 2010; Wang et al., 2021).

Diese Denkweise ermöglicht es autistischen Menschen, den gegenwärtigen Moment wertzuschätzen und die Dinge so zu sehen, wie sie sind, ohne eine ständige Überlagerung durch vergangene Erfahrungen oder die Antizipation der Zukunft. Sie fördert eine Art mentaler Flexibilität, die nicht an konventionelle Sichtweisen der Welt gebunden ist und eine Perspektive bietet, die äußerst befreiend sein kann.

Laterales Denken aufgrund kognitiver Merkmale

Die Kombination aus erhöhter sensorischer Verarbeitung, reduzierter Abhängigkeit von Vorannahmen und einem Fokus auf unmittelbare Evidenz ermöglicht laterales Denken bei autistischen Menschen. Probleme werden aus unkonventionellen Blickwinkeln angegangen, ohne die Annahmen und Vorurteile, die neurotypisches Denken leiten (Best et al., 2015; Pellicano & Burr, 2012; Sinha et al., 2014; Leekam et al., 2007).

Dieser divergente Ansatz zur Kognition, der in strukturierten Umgebungen manchmal herausfordernd sein kann, ist ein mächtiges Werkzeug. Er ermöglicht autistischen Menschen, Komplexität auf einzigartige und effektive Weise zu bewältigen. Dies unterstreicht die kognitive Anpassungsfähigkeit und die kreativen Problemlösungsfähigkeiten, die oft unterschätzt werden, aber entscheidende Stärken des autistischen Geistes sind.

Computergestützte Psychiatrie

Wie können wir Erkenntnisse aus der Berechnungstheorie in das Management und die Behandlung von Autismus integrieren?

Die berechnungstheoretische Psychiatrie ist ein interdisziplinäres Feld, das computergestützte Modelle, mathematische Theorien und datengesteuerte Ansätze anwendet, um psychische Störungen zu verstehen, zu diagnostizieren und zu behandeln (Adams et al., 2016; Montague et al., 2012; Goldstein et al., 2018). Durch die Integration von Erkenntnissen aus Neurowissenschaft, Psychologie und Datenwissenschaft zielt dieses Feld darauf ab, präzisere diagnostische Werkzeuge, personalisierte Behandlungsstrategien und prädiktive Modelle zu entwickeln, die Behandlungsergebnisse verbessern und unser Verständnis psychischer Erkrankungen vorantreiben.

Das Hauptziel der berechnungstheoretischen Psychiatrie besteht darin, die zugrunde liegenden kognitiven, neuronalen und Verhaltensprozesse, die zu psychiatrischen Störungen beitragen, zu modellieren, um sie besser zu verstehen. Es geht darum, Diagnosen zu verbessern, den Krankheitsverlauf vorherzusagen, Biomarker zu identifizieren und Behandlungsstrategien zu personalisieren, indem man über traditionelle symptomorientierte Klassifikationen hinausgeht. Die berechnungstheoretische Psychiatrie bietet einen Rahmen, um die besonderen kognitiven Profile, die mit Autismus verbunden sind, besser zu verstehen. Durch die Untersuchung der Art und Weise, wie unsere Gehirne Vorhersagen treffen, wahrnehmen und mit der Welt interagieren, können Forscher die Stärken und Herausforderungen der autistischen Erfahrung besser einschätzen.

Das Verständnis von Predictive Coding und dessen Implikationen für Autismus bedeutet nicht nur, zu erklären, warum autistische Menschen in bestimmten Bereichen Schwierigkeiten haben. Es geht auch darum, Fähigkeiten zu erkennen, die sich aus der einzigartigen Art und Weise ergeben, wie autistische

Menschen mit der Welt interagieren. Indem wir solche Unterschiede wertschätzen, können wir beginnen, Autismus nicht als eine zu behebende Störung zu betrachten, sondern als eine eigenständige und wertvolle Weise des Daseins.

Auf dem Weg zu einem neutralen und nicht-pathologisierenden Rahmenwerk

Die Bevorzugung berechnungstheoretischer Ansätze, insbesondere im Kontext der Zero-Person-Perspektive, ist eine strategische Entscheidung, die mit modernen, inklusiven Ansätzen in der Autismusforschung übereinstimmt. Dieser Ansatz vermeidet die Fallstricke der Pathologisierung autistischer Kognition und bietet eine starke, unvoreingenommene Grundlage, um die einzigartigen Stärken autistischer Menschen zu verstehen und empirisch zu erforschen. Er macht die Zero-Person-Perspektive nicht nur wissenschaftlich vielversprechend, sondern auch ethisch und sozial fortschrittlich.

Berechnungstheoretische Modelle als inklusive Ansätze

Berechnungstheoretische Ansätze, wie Predictive Coding und das Free-Energy-Prinzip, bieten eine neutrale, mechanistische Sicht auf Kognition, die autistische Merkmale nicht von vornherein pathologisiert. Solche Modelle konzentrieren sich auf die Informationsverarbeitung und die Vorhersagemechanismen des Gehirns und beschreiben, wie Unterschiede in diesen Prozessen zu unterschiedlichen kognitiven Erfahrungen führen, ohne diese als von Natur aus dysfunktional zu betrachten.

Kontrast zu pathologisierenden Theorien

Während einige Theorien Autismus in der Vergangenheit negativ und defizitorientiert darstellten (Wing, 1996; Baron-Cohen, 2008), indem sie die Herausforderungen in der sozialen Interaktion und Kommunikation betonten, plädieren neuere Ansätze für eine stärkenorientierte Perspektive. Diese neueren Modelle heben die einzigartigen kognitiven Stile und Fähigkeiten autistischer Individuen hervor und setzen sich für ein tieferes Verständnis statt für Stigmatisierung ein (Pellicano & Burr, 2012).

Zero-Person-Kognition als Lösung

Berechnungstheoretische Modelle passen gut zur Zero-Person-Perspektive, da sie objektive, datengestützte Analysen betonen, die neurotypische Vorurteile, welche in Erste-Person-Ansätzen implizit sind, minimieren. Im Gegensatz zu Theorien, die von neurotypisch-zentrierten Perspektiven ausgehen, ermöglichen berechnungstheoretische Ansätze, autistische Kognition als eine Variation der Informationsverarbeitung und nicht als Defizit zu betrachten. Diese Ausrichtung macht die Zero-Person-Perspektive zu einem wertvollen Instrument und verändert die Art und Weise, wie Autismus in der kognitiven Neurowissenschaft konzeptualisiert wird.

Reduzierung von Stigmatisierung durch mechanistische Erklärungen

Berechnungstheoretische Modelle bieten eine Sprache, die autistische Kognition in Bezug auf veränderte Vorhersagemechanismen beschreibt, wie etwa die verringerte Abhängigkeit von Vorannahmen oder die erhöhte Aufmerksamkeit für sensorische Daten. Solche Beschreibungen tragen keine moralischen oder gesellschaftlichen Urteile in sich, wie sie oft in Theorien implizit enthalten sind, die kognitive Unterschiede mit breiteren sozialen Kritiken verbinden.

Potenzial für empirische Forschung

Obwohl direkte empirische Studien, die berechnungstheoretische Modelle mit der Zero-Person-Kognition in Verbindung bringen, derzeit begrenzt sind, zeichnet sich ein klarer Weg für zukünftige Forschung ab. Theorien wie Predictive Coding werden bereits verwendet, um viele beobachtete Merkmale der autistischen Kognition zu erklären, wie die atypische sensorische Integration, reduziertes selbstbezogenes Denken und besondere Lernmuster. Diese Theorien bieten eine solide Grundlage, auf der die Zero-Person-Kognition weiter empirisch getestet und validiert werden kann.

Selbstsein und das autistische Selbst

Einer der faszinierendsten Aspekte des Autismus ist, wie dieser Zustand unser Selbstverständnis formt. Während meiner Kindheit fühlte ich mich oft nicht nur von anderen Menschen, sondern auch von meiner eigenen Identität getrennt. Ich hatte Schwierigkeiten zu verstehen, wer ich war, wie ich mich einfügte und was es überhaupt bedeutete, ein "Selbst" zu haben. Meine Eltern forderten mich oft auf, selbstsicherer zu sein, und lange Zeit dachte ich, dass dies nur ein weiterer Aspekt sei, in dem ich fehlerhaft war. Doch je tiefer ich heute in die Wissenschaft des Autismus eintauche, desto mehr beginne ich zu verstehen, dass meine Erfahrung kein Fehler war – sie war einfach anders (Nilsson, 2020).

Dieses Kapitel untersucht, wie das autistische Selbst funktioniert, wie es sich von der neurotypischen Erfahrung unterscheidet und was das für diejenigen von uns bedeutet, die mit Autismus leben.

Die Fähigkeit zum Selbstsein

Das Selbstsein wird oft als zentrales Merkmal des Menschseins betrachtet. Es ist ein kontinuierlicher Faden der Identität, der Gedanken, Gefühle und Handlungen miteinander verwebt und ein Gefühl von Beständigkeit, Zentriertheit und Verwurzelung vermittelt. Für autistische Menschen kann sich dieser Faden jedoch ausgefranst oder zeitweise sogar abwesend anfühlen. Die Erfahrung des Selbst im Autismus kann fragmentierter und weniger kohärent sein und ist häufig mit unmittelbaren sensorischen und kognitiven Zuständen verwoben. Das bedeutet nicht, dass autistische Menschen völlig ohne ein Gefühl für das Selbst sind; vielmehr funktioniert das Selbsterleben unter anderen Bedingungen. Es ist stärker von momentanen Wahrnehmungen und Erfahrungen dominiert.

In neurotypischen Gehirnen wird das Selbst durch Netzwerke konstruiert, die vergangene Erfahrungen, zukünftige Ziele und gegenwärtige Zustände zu einem kohärenten Gefühl des "Ich" integrieren. Diese Konstruktion wird stark von sozialen Interaktionen, emotionalem Feedback und kulturellen Normen beeinflusst. Autistische Gehirne hingegen nähern sich dem Selbst oft anders. Statt ein kontinuierliches Narrativ zu bilden, kann ihr Selbstgefühl episodenhafter und weniger verankert in konventionellen Identitätsmerkmalen sein, enger verbunden mit dem unmittelbaren, momentanen Fluss der Erfahrung (Lombardo et al.,

2010; Lind, 2010; Crane et al., 2010; Grisdale-Kilgour et al., 2014).

Selbstsein in biologischen Systemen

Um das Selbst aus biologischer Sicht zu verstehen, müssen wir untersuchen, wie menschliche Gehirne – und auch die Gehirne bestimmter Tiere – die Erfahrung, jemand zu sein, konstruieren. Das menschliche Gehirn ist besonders fähig in der Selbstrepräsentation und integriert sensorische Eindrücke, Erinnerungen, Emotionen und abstraktes Denken zu einem kohärenten Selbstbild. Für neurotypische Menschen fühlt sich dieser Prozess nahtlos, intuitiv und selbstverständlich an; sie sind einfach, wer sie sind, ohne dies groß zu hinterfragen.

Autistische Menschen hingegen können Schwierigkeiten mit der Selbstwahrnehmung haben (Cygan, 2019) oder es schwer finden, vergangene, gegenwärtige und zukünftige Selbstbilder in ein kohärentes Narrativ zu integrieren (Lind, 2010; Crane et al., 2010). Unser Selbstgefühl ist oft weniger ausgeprägt, stärker im gegenwärtigen Moment verankert und stark von den aktuellen kognitiven Zuständen beeinflusst. Diese Perspektive kann erklären, warum Routinen und Rituale für uns so wichtig sind. Das Wiederholen derselben Handlungen oder das Aufrechterhalten konsistenter Gewohnheiten hilft uns, ein Gefühl von Beständigkeit und Verwurzelung aufzubauen. Rituale bieten ein Gefühl von Identität und Stabilität.

Paradoxerweise verbinden wir uns oft nicht auf dieselbe Weise mit unseren Errungenschaften wie neurotypische Menschen. Ein Schulabschluss, eine gute Arbeitsstelle oder ein trainierter Körper sind sicherlich lobenswert, aber das sind nicht unbedingt Dinge, durch die wir uns selbst definieren.

Künstliche Intelligenz und kognitive Systeme

Interessanterweise haben Forscher konzeptionelle Parallelen zwischen der Funktionsweise fortschrittlicher künstlicher Intelligenz-Systeme und bestimmten kognitiven Prozessen im Zusammenhang mit Autismus gezogen. Pellicano und Burr (2012) schlagen beispielsweise vor, dass Menschen mit Autismus stärker auf unmittelbare sensorische Daten angewiesen sind als auf frühere Erwartungen – ein Merkmal, das an die Art und Weise erinnert, wie KI-Systeme große Mengen detaillierter Informationen ohne inhärente Vorurteile verarbeiten. Frith und Happé (1994) diskutieren zusätzlich kognitive Stile im Autismus, die eine fokussierte Informationsverarbeitung betonen, ähnlich den datengetriebenen Ansätzen, die in der KI zu beobachten sind. Solche Parallelen bieten wertvolle Einblicke sowohl in die menschliche Kognition als auch in die Entwicklung von KI und heben das Potenzial für gegenseitiges Lernen zwischen diesen Bereichen hervor.

Allerdings fehlt es der KI noch an Bewusstsein und einem subjektiven, kontinuierlichen Selbstverständnis, während autistische Menschen bewusste Wesen mit ihrer eigenen Selbstwahrnehmung sind. Diese mag sich von neurotypischen Mustern unterscheiden, ist jedoch dennoch facettenreich (Lombardo et al., 2010).

Die unmittelbare, kontextabhängige Verarbeitung von Reizen, die bei autistischen Menschen beobachtet wird, bringt eine einzigartige Form der Selbstwahrnehmung mit sich, die nicht durch das Gewicht einer kontinuierlichen Identität belastet ist, was insgesamt befreiend wirken kann.

Das phänomenale Selbst und die Theorie des Selbstmodells

Das Konzept des phänomenalen Selbst – im Wesentlichen das Gefühl, jemand zu sein – ist zentral für das Verständnis, wie Menschen sich selbst erleben. Laut Thomas Metzingers Selbstmodell-Theorie erschaffen unsere Gehirne ein phänomenales Selbstmodell (PSM), das sensorische, kognitive und emotionale Informationen in ein kohärentes Gefühl des „Ich" integriert. Dieses Selbstmodell ist eine innere Repräsentation dessen, wer wir sind. Metzinger argumentiert, dass das Selbstmodell die Grundlage für das bewusste Erleben bildet und beeinflusst, wie Individuen sich selbst wahrnehmen und mit der Welt um sie herum interagieren (Metzinger, 2003). Abweichungen im Selbstmodell können sowohl die Wahrnehmung als auch das Bewusstsein beeinflussen (Metzinger, 2004). Im Gegensatz zu neurotypischen Menschen könnten autistische Menschen ein schwächeres oder weniger integriertes phänomenales Selbstmodell haben.

Anstelle des PSM könnte das Konzept des Minimalen Phänomenalen Selbst (MPS) helfen, diesen Unterschied zu erklären. Laut Thomas Metzinger bezieht sich das Minimale Phänomenale Selbstsein auf die grundlegendste Form des Selbsterlebens, die aus dem unmittelbaren, vorreflektiven Gefühl besteht, ein Subjekt der Erfahrung zu sein, das im Hier und Jetzt verortet ist. MPS ist durch eine Erste-Person-Perspektive, körperliche Selbstverortung und Selbstidentifikation gekennzeichnet, jedoch ohne höhere kognitive Merkmale wie komplexe autobiografische Erinnerungen, eine narrative Identität oder persönliche Überzeugungen. Es ist eine minimale, nicht-konzeptionelle und verkörperte Form des Selbstbewusstseins, die die Grundlage des Selbst bildet und das rohe Gefühl vermittelt, jemand zu sein, ohne die narrativen und sozialen Dimensionen, die normalerweise mit der persönlichen Identität verbunden sind. Metzinger verwendet das MPS, um zu argumentieren, dass selbst dieses grundlegende Selbstgefühl eine Konstruktion des Gehirns ist, und um die illusionäre Natur des Selbstseins hervorzuheben (Metzinger, 2003).

Das MPS ist also das Gefühl, ein verkörpertes Subjekt im Hier und Jetzt zu sein, ohne die ständige Überlagerung durch das, wer man war oder wer man werden könnte. Shaun Gallagher unterscheidet zwischen dem minimalen Selbst (unmittelbares Präsenzgefühl) und dem narrativen Selbst (erweiterte, geschichtenähnliche Identität) (Gallagher, 2005). Diese Perspektive hilft, das autistische Erleben als einzigartig auf den gegenwärtigen Moment abgestimmt zu betrachten, anstatt durch eine fortlaufende Selbstnarration gebunden zu sein (Milton, 2017). Dies stellt die traditionelle Ansicht von Selbstdefiziten bei Autismus infrage.

Studien zeigen auch, dass autistische Menschen möglicherweise nicht dasselbe Ownership-Gefühl aufweisen wie neurotypische Menschen, was auf einen einzigartigen Ansatz im Umgang mit selbstreferenziellem Gedächtnis hindeutet. Dieser Unterschied unterstreicht die besondere Beziehung zwischen Selbst und Gedächtnis bei Autismus und bestätigt das minimale Selbst als eine kohärente, alternative Form des Selbstbewusstseins (Grisdale et al., 2014).

Das Default Mode Network (DMN) und das Selbstsein

Ein entscheidender Akteur bei der Konstruktion des Selbstmodells ist das Default Mode Network (DMN) – ein Netzwerk von Gehirnregionen, das bei selbstbezogenem Denken, Introspektion und Tagträumen aktiviert wird. Das DMN ist vergleichbar mit dem Autopiloten des Gehirns für das Selbstbewusstsein, der kontinuierlich im Hintergrund läuft, um unser Gefühl für das "Ich" aufrechtzuerhalten.

Bei autistischen Menschen funktioniert das DMN jedoch anders. Studien haben gezeigt, dass autistische Gehirne atypische Konnektivitätsmuster innerhalb des DMN aufweisen. Assaf et al. (2010) fanden heraus, dass autistische Gehirne eine abnormale funktionelle Konnektivität innerhalb des DMN zeigen, insbesondere zwischen Schlüsselregionen wie dem medialen präfrontalen Kortex und dem posterioren zingulären Kortex. Diese veränderte Konnektivität ist mit Unterschieden in der selbstbezogenen Verarbeitung und sozialen Kognition verbunden und verdeutlicht die unterschiedlichen neuronalen Mechanismen, die dem Selbstbewusstsein bei Autismus zugrunde liegen.

Solche Unterschiede manifestieren sich häufig als erhöhte Konnektivität innerhalb des Netzwerks, insbesondere zwischen dem posterioren zingulären Kortex und dem medialen präfrontalen Kortex, und als reduzierte Konnektivität zwischen dem DMN und anderen Gehirnnetzwerken (Wang et al., 2021). Diese veränderte Konnektivität könnte erklären, warum sich das autistische Selbstbewusstsein weniger nahtlos und episodischer anfühlt und auf sensorische und kognitive Reize reagiert, anstatt einem stabilen inneren Narrativ zu folgen. Lombardo et al. (2010) kamen zu dem Schluss, dass Menschen mit ASS während selbstspezifischer Aufgaben eine verringerte Aktivität in den anterioren und posterioren Mittellinienregionen des DMN aufweisen, was zu Schwierigkeiten bei der selbstbezogenen Verarbeitung führt.

Das Modell des epistemischen Agenten und die Metakognition

Das Epistemic Agent Model (EAM) bietet eine weitere Perspektive, um das autistische Selbstverständnis zu verstehen. Es erklärt, wie wir Wissen und Entscheidungsfindung steuern. Das von Thomas Metzinger vorgeschlagene EAM bezieht sich auf ein theoretisches Rahmenwerk, in dem ein Agent durch seine Fähigkeit definiert wird, Wissen über sich selbst und die Welt zu erwerben, zu speichern und zu manipulieren. Das EAM betont, dass das Selbstmodell eines Agenten entscheidend für die Generierung von Vorhersagen, die Entscheidungsfindung und die Anpassung an die Umwelt ist. Dieses Modell integriert die kognitiven Funktionen eines Agenten, wie zum Beispiel Aufmerksamkeit, Gedächtnis und Bewusstsein, und bietet Einblicke in die Art und Weise, wie Wissen das Selbstbewusstsein und das Handeln formt (Metzinger, 2017).

Das EAM betont somit die Fähigkeit des Agenten, sein eigenes Wissen zu verstehen und zu kontrollieren, was wiederum ein zentraler Aspekt der Metakognition ist. Metakognition beinhaltet das Bewusstsein und die Regulierung der eigenen kognitiven Prozesse, also das Nachdenken über das Denken. Das EAM bietet einen Rahmen dafür, wie metakognitive Prozesse zum Gefühl des Selbst und des Handelns beitragen. Metakognition ist ein wesentlicher Bestandteil dafür, wie wir unsere Handlungen und Überzeugungen regulieren. Bei Autismus können metakognitive Prozesse verändert sein, was zu einem Selbstmodell führt, das weniger reflexiv ist und stärker von unmittelbarer sensorischer Evidenz gesteuert wird (Williams, 2010).

Williams legt nahe, dass Menschen mit Autismus oft ein spezifisches Defizit im Selbstbewusstsein aufweisen, insbesondere bei der Erkennung eigener mentaler Zustände, was mit veränderten metakognitiven Prozessen in Verbindung gebracht werden kann. Die Studie hebt hervor, dass autistische Menschen zwar typischerweise ein Bewusstsein für das "physische Selbst" zeigen, ihr Bewusstsein für das "psychologische Selbst", das reflektierendes Denken und Metakognition umfasst, jedoch oft beeinträchtigt ist. Dies führt zu einem Selbstmodell, das sich mehr auf direkte sensorische Erfahrungen stützt als auf reflexive oder metakognitive Verarbeitung.

Metzingers Ansichten über das Handlungsvermögen betonen, dass das bewusste Erleben von Selbstkontrolle nicht unbedingt ein stabiles Selbstmodell erfordert (Metzinger, 2013). Für autistische Menschen bedeutet das, dass die unmittelbare, sensorisch gesteuerte Erfahrung von Handlung tief in momentanen Interaktionen verwurzelt sein kann, was die Zero-Person-Perspektive unterstützt.

Körperliche, aufmerksamkeitsbezogene und kognitive Handlungsfähigkeit

Handlungsfähigkeit (Agency) und das Selbstgefühl sind eng miteinander verbunden, wobei die Handlungsfähigkeit eine entscheidende Rolle bei der Entwicklung und Aufrechterhaltung des Selbstgefühls spielt. Handlungsfähigkeit bezieht sich auf die Fähigkeit, Handlungen, Gedanken und Entscheidungen zu initiieren, zu kontrollieren und Verantwortung dafür zu übernehmen. Sie beinhaltet die Wahrnehmung, dass die eigenen Handlungen die Umgebung beeinflussen und dass man der Urheber dieser Handlungen ist. Dieses Gefühl von Kontrolle und Intentionalität ist grundlegend für die Erfahrung, sich selbst als eigenständiges, autonomes Wesen zu erleben. Ohne ein Gefühl der Handlungsfähigkeit wäre die Kohärenz und Stabilität des Selbst erheblich beeinträchtigt, was sich auf die Art und Weise auswirkt, wie man persönliche Erfahrungen navigiert und interpretiert.

Die folgenden sechs Aspekte verdeutlichen, wie Handlungsfähigkeit und Selbstgefühl zusammenhängen:

1. **Bildung der Selbstidentität:** Handlungsfähigkeit trägt zur Bildung der Selbstidentität bei, indem sie das Verständnis stärkt, dass man ein eigenständiges, autonomes Individuum ist, das die Welt beeinflussen kann. Durch die Erfahrung, Entscheidungen zu treffen und deren Ergebnisse zu beobachten, entwickeln Individuen ein Narrativ darüber, wer sie sind, basierend auf ihren Handlungen und Absichten.

2. **Selbstzuschreibung und Ownership:** Das Gefühl der Handlungsfähigkeit beinhaltet die Erkenntnis, dass die eigenen Handlungen selbstbestimmt sind und nicht von außen auferlegt werden. Diese Selbstzuschreibung fördert ein Gefühl der Ownership über die eigenen Gedanken und Verhaltensweisen, stärkt die Grenzen des Selbst und unterscheidet es von der Außenwelt.

3. **Kontinuität des Selbst:** Handlungsfähigkeit bietet ein Gefühl der Kontinuität, indem sie hilft, vergangene Handlungen und Absichten in ein kohärentes Selbstkonzept zu integrieren. Durch die Verknüpfung unserer vergangenen, gegenwärtigen und zukünftigen Handlungen unterstützt Handlungsfähigkeit die Vorstellung eines stabilen Selbst, das trotz Veränderungen

in Erfahrungen und Umständen über die Zeit hinweg besteht.

4. **Emotionale Verbindung und Selbstwertgefühl:** Ein starkes Gefühl der Handlungsfähigkeit wird oft mit positiven Emotionen, einem hohen Selbstwertgefühl und Selbstvertrauen in Verbindung gebracht. Wenn Individuen das Gefühl haben, ihre Umgebung beeinflussen und Ziele erreichen zu können, entwickeln sie tendenziell ein robusteres und positiveres Selbstbild. Im Gegensatz dazu kann ein vermindertes Gefühl der Handlungsfähigkeit zu Gefühlen der Hilflosigkeit, Entfremdung und einem geschwächten Selbstbild führen.

5. **Selbstregulation und Autonomie:** Handlungsfähigkeit ermöglicht es Individuen, ihr Verhalten im Einklang mit persönlichen Werten, Überzeugungen und Zielen zu regulieren. Diese Fähigkeit, in Übereinstimmung mit den eigenen inneren Motiven, statt unter äußeren Zwängen zu handeln, stärkt das Gefühl, authentisch zu sich selbst zu sein, und fördert damit Selbstauthentizität und Integrität.

6. **Wahrnehmung des freien Willens**: Die Erfahrung, Entscheidungen frei zu treffen, ohne sich gezwungen zu fühlen, ist ein wesentlicher Bestandteil unseres Selbstverständnisses. Sie fördert die Wahrnehmung, ein autonomes Subjekt zu sein, das sein eigenes Leben gestalten kann, und trägt so zu einem tieferen Gefühl von persönlicher Identität und Lebenszweck bei.

Das autistische Selbstsein bedeutet eine besondere Erfahrung von Handlungsfähigkeit – das Gefühl der Kontrolle über unseren Körper, unsere Aufmerksamkeit und unsere Kognition. Für viele von uns kann sich die körperliche Handlungsfähigkeit fragmentierter anfühlen, mit einer erhöhten Wahrnehmung körperlicher Empfindungen oder Herausforderungen in der motorischen Koordination. Uddin und Menon (2010) diskutieren, wie Ruhe-fMRI veränderte funktionelle Konnektivität bei autistischen Individuen aufgedeckt hat, insbesondere Störungen in sensorimotorischen und groß angelegten Gehirnnetzwerken. Studien von Hamilton et al. (2011) und Lind (2010) heben hervor, wie diese neuronalen Unterschiede zu einem fragmentierteren und episodischen Selbstverständnis sowie zu einer erhöhten sensorischen Empfindlichkeit und motorischen Koordinationsproblemen beitragen. Solche Störungen sind bedeutsam, da sie verschiedene kognitive und soziale Funktionen betreffen, die mit Autismus verbunden sind, und eine atypische Organisation der Gehirnnetzwerke als charakteristisches Merkmal hervorheben. Ein verstärkter körperlicher Fokus kann uns hyperbewusst für unsere eigenen Bewegungen und inneren Zustände machen, manchmal bis hin zur Ablenkung.

Die Steuerung der Aufmerksamkeit – die Fähigkeit, zu kontrollieren, worauf wir unsere Aufmerksamkeit richten – ist ein weiterer Bereich, in dem autistische Individuen oft anders agieren. Keehn et al. (2013) diskutieren, wie Menschen mit Autismus häufig atypische Aufmerksamkeitsmuster zeigen, einschließlich intensiver, hyperfokussierter Aufmerksamkeit auf bestimmte Details, was die Fähigkeit beeinträchtigen kann, den Fokus auf andere Aufgaben oder Reize zu verschieben. Dieser Hyperfokus steht im Zusammenhang mit Unterschieden in der Funktionsweise von Aufmerksamkeitsnetzwerken im Gehirn, insbesondere Beeinträchtigungen beim Lösen von Aufmerksamkeit, die zu den charakteristischen kognitiven und perzeptuellen Erfahrungen des Autismus beitragen. Dies kann eine Stärke bei Aufgaben darstellen, die Präzision erfordern, aber eine Herausforderung sein, wenn Flexibilität und Anpassungsfähigkeit gefragt sind (Dajani & Uddin, 2015). Oberman und Ramachandran (2007) betonen, wie diese Aufmerksamkeitsunterschiede die soziale Kognition beeinflussen können, während Happé und Frith (2020) die praktischen Implikationen des Hyperfokus in Bildungs- und Berufsumgebungen hervorheben.

Auch die kognitive Handlungsfähigkeit, die höhere Entscheidungsfindung und Planung umfasst, kann abweichen. Autistische Individuen finden es möglicherweise schwieriger, zwischen Aufgaben zu wechseln oder Strategien anzupassen und verlassen sich stattdessen gerne auf vertraute Routinen und etablierte Muster.

Um die Unterschiede zwischen neurotypischer und autistischer Handlungsfähigkeit besser zu verstehen, habe ich ein Flussdiagramm erstellt, das die verschiedenen Aspekte und Unteraspekte der Handlungsfähigkeit visualisiert. Dies ermöglicht es, jene Aspekte zu identifizieren, die vorhanden, variabel oder beeinträchtigt sind. Die Klassifizierung, die im Flussdiagramm verwendet wird, steht im Einklang mit etablierten Theorien zur Handlungsfähigkeit aus der Kognitionswissenschaft, Neurowissenschaft und Psychologie. Sie basiert auf den Arbeiten von Gallagher (2000), Frith et al. (2000) und Bandura (1989). Jede Unterkomponente reflektiert anerkannte Prozesse, die zum allgemeinen Gefühl der Handlungsfähigkeit eines Individuums beitrag. Im Folgenden wird die Bedeutung jedes Aspekts dieser Klassifikation zusammengefasst:

1. Körperliche Handlungsfähigkeit
- **Motorische Kontrolle**: Die motorische Kontrolle ist entscheidend für die körperliche Handlungsfähigkeit und spiegelt die Fähigkeit wider, Bewegungen gezielt auszuführen. Neurowissenschaftliche Forschungen zeigen, wie eng die motorische Kontrolle mit den sensorimotorischen Systemen des Gehirns verbunden ist und wesentlich zu unserem Gefühl der Kontrolle über körperliche Handlungen beiträgt.
- **Intentionalität**: Intentionalität bezieht sich auf die Ausrichtung mentaler Zustände auf Handlungen und ist ein wesentlicher Bestandteil der Handlungsfähigkeit, der oft im Kontext der kognitiven Psychologie und Philosophie untersucht wird.
- **Gefühl der Ownership**: Das Gefühl der Ownership bezieht sich auf das Empfinden, dass der eigene Körper oder die eigenen Handlungen zu einem selbst gehören, gestützt durch Erkenntnisse aus der Neuropsychologie und der kognitiven Neurowissenschaft.
- **Propriozeption**: Die Propriozeption, also das Körpergefühl für Position und Bewegung, spielt eine entscheidende Rolle für die körperliche Handlungsfähigkeit. Studien bestätigen, wie sie unsere Wahrnehmung und Kontrolle des eigenen Körpers beeinflusst.

2. Aufmerksamkeitssteuerung
- **Selektive Aufmerksamkeit**: Selektive Aufmerksamkeit ist der Prozess, bestimmte Reize zu fokussieren,

während andere ignoriert werden, und ist für zielgerichtetes Verhalten entscheidend. Dieser Aspekt wird umfassend in der kognitiven Psychologie und Neurowissenschaft untersucht.

- **Aufrechterhaltung der Aufmerksamkeit**: Dies bezieht sich auf die Fähigkeit, über längere Zeit fokussiert zu bleiben, was für Aufgaben, die kontinuierliche Anstrengung erfordern, unerlässlich ist. Das Konzept ist in der Literatur zur Aufmerksamkeitskontrolle und Vigilanz gut verankert.
- **Aufmerksamkeitswechsel**: Der Aufmerksamkeitswechsel, auch kognitive Flexibilität genannt, bezieht sich auf die Fähigkeit, den Fokus zwischen Aufgaben oder Reizen zu verlagern und wird durch Forschungen zur exekutiven Funktion und kognitiven Kontrolle gestützt.
- **Geteilte Aufmerksamkeit**: Geteilte Aufmerksamkeit bedeutet, mehrere Aufgaben gleichzeitig zu bewältigen. Dieses gut erforschte Gebiet der kognitiven Psychologie zeigt die Grenzen und Fähigkeiten menschlicher Aufmerksamkeit auf.

3. Kognitive Handlungsfähigkeit

- **Selbstregulation**: Selbstregulation ist die Fähigkeit, eigene Emotionen, Gedanken und Verhaltensweisen zu kontrollieren, und spielt eine bedeutende Rolle in der kognitiven Handlungsfähigkeit. Sie wird umfassend in der Psychologie untersucht, insbesondere in der Forschung zu Selbstkontrolle und Zielerreichung.
- **Metakognition**: Metakognition umfasst das Bewusstsein und das Verständnis der eigenen Denkprozesse. Dieses Konzept wird in der Bildungspsychologie und

Kognitionswissenschaft als entscheidend für das Lernen und die Entscheidungsfindung anerkannt und umfassend unterstützt.

- **Zielsetzung:** Zielsetzung umfasst die Definition und Verfolgung von Zielen und ist ein wesentlicher Teil der kognitiven Handlungsfähigkeit. Sie wird durch umfangreiche Forschung in der Motivations- und Organisationspsychologie unterstützt.

- **Strategische Planung:** Strategische Planung umfasst das Setzen von Zielen und das Festlegen der notwendigen Schritte zu deren Erreichung. Sie ist ein wesentlicher Bestandteil der Literatur zur kognitiven Handlungsfähigkeit, insbesondere im Bereich der Entscheidungsforschung.

- **Anpassungsfähigkeit:** Anpassungsfähigkeit bezeichnet die Fähigkeit, sich an neue Bedingungen anzupassen, und ist ein entscheidender Bestandteil der kognitiven Handlungsfähigkeit. Sie wird durch Erkenntnisse aus psychologischen und organisatorischen Studien gestützt.

Der Vergleich der folgenden drei Diagramme vermittelt ein intuitives Verständnis dafür, wie sich die Handlungsfähigkeit im autistischen Erleben von der neurotypischen Erfahrung unterscheidet. Das erste Diagramm zeigt ein neurotypisches System, das zweite eine standardisierte Interpretation des autistischen Erlebens, und das dritte spiegelt meine Selbsteinschätzung wider, die am besten als hochfunktionaler Autismus beschrieben werden kann.

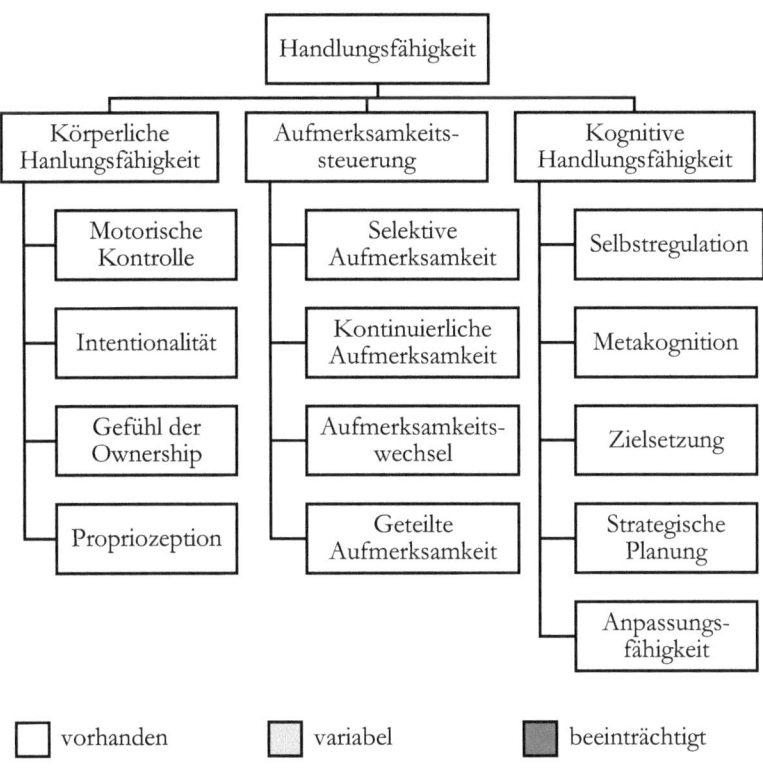

Abbildung 2: Handlungsfähigkeit bei neurotypischen Individuen

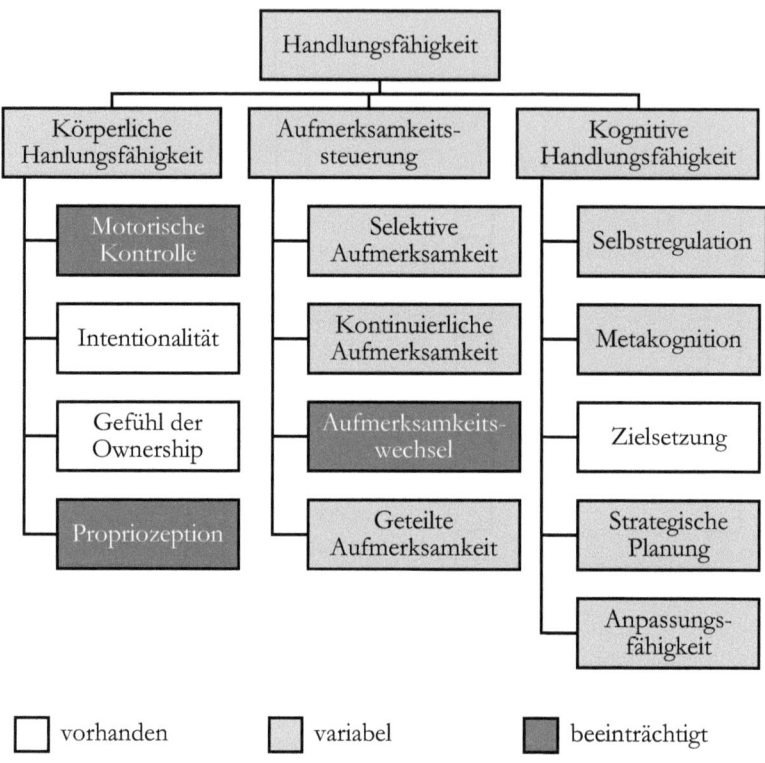

Abbildung 3: Handlungsfähigkeit bei autistischen Individuen

Das Gefühl von Handlungsfähigkeit und Ownership im Autismus entspricht oft nicht den herkömmlichen Vor-stellungen, was zu einer situativen und unmittelbaren Form der Selbstwahrnehmung führt. Dies resultiert in einem Selbst-verständnis, das stärker vom jeweiligen Kontext abhängig ist, anstatt narrativ kontinuierlich zu sein.

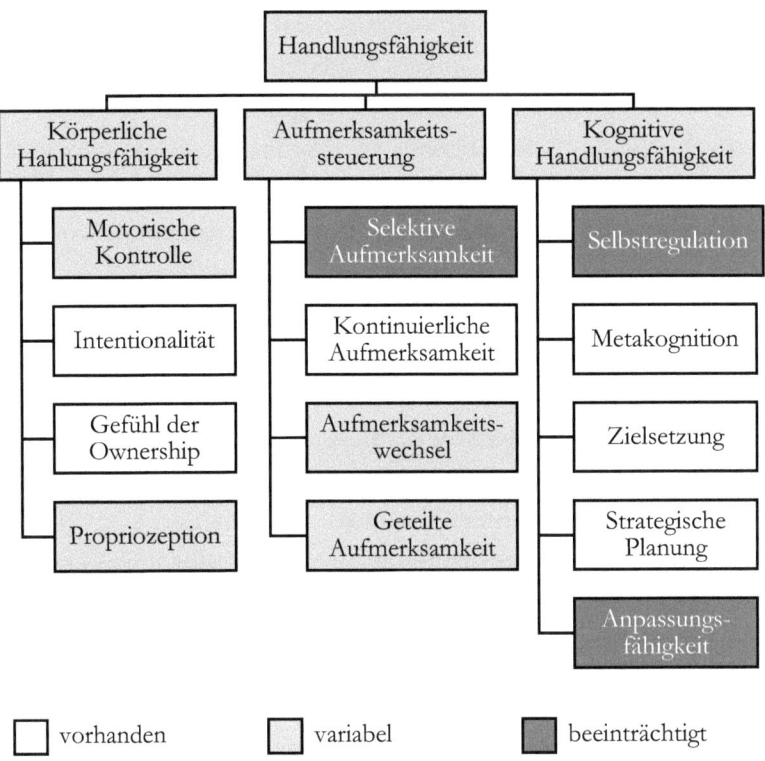

Abbildung 4: Handlungsfähigkeit bei einem hochfunktionalen autistischen Individuum

Transparenz des autistischen PSM

Unter anderem beeinflusst das zuvor diskutierte Maß an metakognitiven Fähigkeiten erheblich, wie opak oder transparent das Phänomenale Selbstmodell (PSM) für eine Person ist. In Metzingers Theorie bedeutet ein transparentes PSM, dass das Selbstmodell als Realität erfahren wird, ohne Bewusstsein über dessen Konstruktion. Ein opakes PSM hingegen ermöglicht es dem Individuum, das Modell als Konstrukt zu erkennen. Hohe metakognitive Fähigkeiten befähigen Menschen, über ihre mentalen Zustände nachzudenken, wodurch das PSM opaker wird. Diese gesteigerte Selbstwahrnehmung erlaubt es, die konstruierte Natur des Selbsterlebens zu erkennen, was die introspektive Tiefe und kritische Selbstreflexion erhöhen kann, obwohl es auch Herausforderungen bei der Entwicklung eines kohärenten und integrierten Selbstbildes mit sich bringen kann.

Im Kontext von Autismus deuten Forschungen darauf hin, dass autistische Menschen oft ein opakeres phänomenales Selbstmodell im Vergleich zu neurotypischen Personen erleben. Das bedeutet, dass autistische Menschen sich ihrer selbstrepräsentativen Prozesse stärker bewusst sind, was zu einer verstärkten Wahrnehmung ihrer Gedanken, Gefühle und körperlichen Empfindungen als konstruiert anstatt als nahtlos integrierte Erfahrungen führen kann. Dieses Phänomen ist häufig mit einem fragmentierteren, weniger fließenden Selbstverständnis verbunden. Dafür gibt es mehrere Gründe:

1. **Erhöhtes Selbstbewusstsein und Metakognition:** Autistische Menschen berichten häufig von einer gesteigerten Selbstwahrnehmung und Introspektion. Diese verstärkte Selbstüberwachung kann dazu führen, dass das Selbst als Objekt der Beobachtung wahrgenommen wird, anstatt als müheloser Hintergrundprozess. Dadurch wird das Selbstmodell opaker (Lombardo & Baron-Cohen, 2010; Williams, 2010).

2. **Schwierigkeiten bei der Integration multisensorischer Informationen:** Studien zeigen, dass autistische Menschen Schwierigkeiten bei der Integration multisensorischer Reize haben, was die nahtlose Konstruktion des Selbst beeinflussen kann. Beispielsweise

können Probleme bei der Verknüpfung emotionaler Erfahrungen mit körperlichen Empfindungen zu einem Gefühl der Trennung oder zu einem erhöhten Bewusstsein für diesen Prozess führen, was zu einem opakeren Selbsterleben beiträgt (Noel et al., 2018; Kew & McIlvane, 2009).

3. **Veränderte Handlungsfähigkeit und Selbst-An-dere-Unterscheidung:** Autistische Menschen erleben häufig Schwierigkeiten bei der Unterscheidung zwischen Selbst und Anderen, was zu einem fragmentierten Gefühl der Handlungsfähigkeit führen kann. Diese Herausforderung kann dazu führen, dass das Selbstmodell weniger automatisch und stärker als konstruiert erscheint, wodurch die Opazität erhöht wird (Trevarthen & Delafield-Butt, 2013; Wheelwright et al., 2006).

4. **Kognitive Verarbeitungsunterschiede:** Autistische Menschen zeigen häufig eine atypische kognitive Verarbeitung, etwa eine Vorliebe für detailorientiertes, analytisches Denken. Dieser kognitive Stil kann zu einem expliziteren Bewusstsein für die Prozesse führen, die dem Selbsterleben zugrunde liegen (Williams, 2010; Happé & Frith, 2006).

Oft führen diese Umstände dazu, dass sich autistische Menschen verstärkt unsicher, ängstlich, anders oder missverstanden fühlen. Unser innerer Dialog schwankt stark, je nachdem, ob wir uns in einem sozialen Kontext oder allein befinden. Soziale Situationen lösen häufig einen Zustand erhöhter Selbstwahrnehmung und Angst aus, der von Selbstkritik und Verwirrung über soziale Normen geprägt ist. Im Gegensatz dazu wird der innere

Dialog, wenn wir allein sind, oft reflektiver und angenehmer und stimmt besser mit unseren natürlichen Denkprozessen und Interessen überein. Dies vermittelt ein Gefühl der Erleichterung der sozialen Anforderungen, die überwältigend wirken können.

Um dies für die Leser greifbarer zu machen, folgen einige Beispiele für innere Dialoge in beiden Arten von Situationen:

Beispiele für inneren Dialog in sozialen Situationen:
1. Angstfokussierter Dialog:
    o „Rede ich zu viel? Ich weiß nicht, wann ich aufhören soll."
    o „Habe ich etwas Falsches gesagt? Sie sehen verwirrt aus."
    o „Warum lachen alle? Ich habe den Witz schon wieder verpasst."

2. Selbstkritischer oder zweifelnder Dialog:
    o „Warum kann ich nicht einfach normal handeln? Alle anderen scheinen zu wissen, was zu tun ist."
    o „Ich fühle mich so fehl am Platz. Sie müssen denken, dass ich komisch bin."
    o „Ich hätte nicht kommen sollen. Ich weiß nicht, wie ich mit ihnen reden soll."

3. Reflektiver oder analytischer Dialog:
    o „Okay, sie haben gelächelt. Bedeutet das, dass sie zustimmen, oder sind sie nur höflich?"
    o „Ich verstehe dieses Gespräch nicht; vielleicht liegt es wieder an mir, dass ich etwas nicht mitbekomme."

o „Warum sind diese Interaktionen so schwierig? Was mache ich falsch?"

Innerer Dialog, wenn man allein ist:

Wenn man allein ist, verändert sich der innere Dialog oft erheblich und wird normalerweise weniger ängstlich, dafür introspektiver, reflektierender oder sogar beruhigend. Diese Veränderung tritt auf, weil der Druck sozialer Interaktionen wegfällt, sodass man sich freier mit seinen eigenen Gedanken und Interessen beschäftigen kann.

1. Ruhiger und reflektierender Dialog:
   o „Endlich kann ich mich entspannen und muss mir keine Sorgen darüber machen, was ich sagen soll."
   o „Ich bin froh, Zeit für mich zu haben; ich verstehe mich besser als jeder andere."
   o „Ich kann über Dinge nachdenken, ohne mich zu hetzen oder verurteilt zu fühlen."

2. Interessensfokussierter oder leidenschaftlicher Dialog:
   o „Ich kann mich jetzt auf mein Projekt konzentrieren; es ergibt Sinn, wenn ich mir Zeit lassen kann."
   o „Ich liebe es, über dieses Thema zu lesen. Ich könnte Stunden damit verbringen, es zu erkunden."
   o „Das ergibt Sinn. Ich wünschte, ich könnte darüber reden, ohne dass die Leute sich langweilen."

3. Selbstberuhigender oder tröstender Dialog:
    o „Es ist in Ordnung, dass ich dort nicht hinein-
      passe; hier passe ich hinein."
    o „Ich gebe mein Bestes. Soziale Dinge sind
      schwer, aber das bedeutet nicht, dass ich weniger
      wert bin."
    o „Ich habe meine eigene Sichtweise, und das ist
      in Ordnung."

Skalenfreie Kognition und die Grenzen des Selbst

Für autistische Menschen fühlt sich die Grenze zwischen dem
Selbst und der Welt oft weniger klar definiert an, was uns ermöglicht, auf einzigartige und komplexe Weise mit unserer Umwelt zu interagieren. Dieses Kapitel befasst sich mit dem Konzept der skalenfreien Kognition – einer Art des Denkens, die die
traditionellen Grenzen des Selbst überschreitet.

Das von Levin (2019) vorgeschlagene Konzept der skalenfreien Kognition bietet eine neue Perspektive, um zu verstehen,
wie kognitive Grenzen durch die Fähigkeit eines Systems bestimmt werden, seine Umwelt wahrzunehmen, zu modellieren
und zu beeinflussen. Laut Levins Theorie kann sich Kognition
über verschiedene Organisationsebenen erstrecken, von einzelnen Zellen bis hin zu komplexen vielzelligen Systemen, und ist
nicht auf bestimmte biologische Strukturen beschränkt. Er
schlägt das Konzept eines „kognitiven Lichtkegels" vor, bei dem
sich die Grenzen der Kognition basierend auf der Mess- und
Vorhersagefähigkeit eines Organismus erweitern oder verklei-
nern.

Um skalenfreie Kognition zu verstehen, hilft es, sich den Geist
nicht als statisches Gebilde, sondern als etwas Dynamisches und

Flexibles vorzustellen. Stellen Sie sich einen kognitiven Lichtkegel vor, einen Begriff aus der Physik, der beschreibt, wie weit Informationen innerhalb eines Systems reisen können. Im Kontext des Geistes repräsentiert dieser Lichtkegel die Reichweite unserer kognitiven Prozesse – das Ausmaß, in dem unsere Gedanken, Wahrnehmungen und Handlungen mit der Welt interagieren können.

Für neurotypische Menschen wird diese kognitive Grenze durch das Konzept des Selbst eingeschränkt. Neurotypische Gehirne priorisieren selbstrelevante Informationen, was einen mentalen Filter schafft, der beeinflusst, was sie wahrnehmen und wie sie reagieren. Bei autistischen Menschen funktioniert dieser Filter jedoch oft anders. Unser kognitiver Lichtkegel ist breiter, was es uns ermöglicht, mit mehr sensorischen Daten um uns herum in Kontakt zu treten. Wir nehmen nicht nur das wahr, was für das Selbst relevant ist; wir sehen mehr Details, Muster und Nuancen, die anderen möglicherweise entgehen.

Es gibt Hinweise darauf, dass Menschen mit Autismus eine gesteigerte Wahrnehmungskapazität besitzen, wodurch sie sensorische Details besser verarbeiten können als neurotypische Menschen. Dies führt zu einem erhöhten Bewusstsein für Umgebungsnuancen, die andere als irrelevant ausblenden könnten. Mottron et al. (2006) fanden heraus, dass Menschen mit Autismus oft eine erhöhte Wahrnehmungskapazität haben, was bedeutet, dass sie mehr sensorische Reize gleichzeitig verarbeiten können als neurotypische Personen. Eine neuere Studie von Tullo et al. (2023) bestätigt diese Ergebnisse und hebt das verstärkte, detailorientierte Verarbeitungsmuster hervor, das für Autismus charakteristisch ist. Die Studie zeigte, dass autistische Menschen oft eine erhöhte Wahrnehmungskapazität im

Vergleich zu Neurotypischen aufweisen, was ihnen ermöglicht, mehr Informationen gleichzeitig zu verarbeiten.

Die gesteigerte Fähigkeit zur Wahrnehmung bei Autismus kann es autistischen Personen jedoch schwer machen, Ablenkungen auszublenden und sich auf Reize zu fokussieren, die für die jeweilige Aufgabe relevant sind. Solche sensorischen Unterschiede können dazu führen, dass selbstrelevante und externe Informationen weniger klar voneinander abgegrenzt werden. Dies erschwert es autistischen Personen, selbstbezogene Daten im größeren sensorischen Kontext zu priorisieren (Mottron et al., 2006; Plaisted et al., 2001; Schiltz et al., 2013; Lombardo et al., 2010).

Ein erweiterter kognitiver Rahmen kann sowohl ein Geschenk als auch eine Herausforderung sein. Es bedeutet, dass wir oft stärker auf die Welt abgestimmt sind und subtile Veränderungen wahrnehmen, aber es bedeutet auch, dass die üblichen Puffer, die das Selbst vor überwältigenden sensorischen Reizen schützen, weniger effektiv sind.

Das besondere Selbstmodell im Autismus hat weitreichende Implikationen für unser Verständnis von Kognition. Indem sie mit der Welt aus einer direkteren, weniger selbstreferenziellen Perspektive interagieren, haben autistische Menschen Zugang zu einer Form der Kognition, die weniger durch konventionelle Einschränkungen beeinflusst ist. Durch diesen skalenfreien Denkansatz können wir unmittelbar mit unserer Umgebung interagieren und häufig die herkömmlichen Filter umgehen, die die neurotypische Wahrnehmung bestimmen.

Die Rolle der Bioelektrizität und der Modulation von Grenzen

Bioelektrizität – die elektrischen Signale, die die Kommunikation und Organisation von Zellen beeinflussen – ist ein faszinierender Aspekt der Entstehung unserer kognitiven Grenzen. Neuere Untersuchungen deuten darauf hin, dass diese Signale nicht nur die Formung unseres Körpers, sondern auch unseren Geist sowie unsere Wahrnehmung und Interaktion mit der Welt beeinflussen. Die Auswirkungen von Bioelektrizität als grundlegender Komponente auf die Entwicklung der Kognition wurden von Michael Levin und seinen Kollegen intensiv untersucht. Ihre Forschung legt nahe, dass bioelektrische Netzwerke als eine Art „kognitiver Klebstoff" fungieren könnten, der es ermöglicht, elementare zelluläre Funktionen in komplexe Verhaltensweisen und kognitive Zustände zu skalieren. Diese Arbeit zeigt, dass elektrische Signale nicht nur zur Entstehung des physischen Körpers, sondern auch zur Entwicklung kognitiver Rahmenwerke beitragen. Sie betont den starken Zusammenhang zwischen Physiologie und Kognition in verschiedenen Lebensbereichen – von einfachen Lebewesen bis hin zu Menschen (Levin, 2022).

Darüber hinaus haben die Untersuchungen ergeben, dass bioelektrische Signale die Musterbildung durch Zellen beeinflussen, die die Entwicklung des Gehirns steuern. Dies lässt vermuten, dass diese Signale dazu beitragen könnten, neuronale Schaltkreise zu organisieren, die für Wahrnehmung und Entscheidungsprozesse zuständig sind. Die Studie hebt die Bedeutung der Bioelektrizität als entscheidenden Faktor für die Gestaltung der Wahrnehmung und Interaktion von Lebewesen, einschließlich des Menschen, mit ihrer Umwelt hervor. Sie stellt eine

Verbindung zwischen der zellulären Organisationsebene und höheren kognitiven Funktionen dar.

Es kann angenommen werden, dass atypische bioelektrische Signale die neuronale Konnektivität und sensorische Verarbeitung beeinflussen könnten, die bei Autismus oft verändert sind, obwohl direkte Beweise für bioelektrische Variationen bisher noch nicht vorliegen.

Dezentralisierung und Robustheit

Eine der zentralen Stärken der skalenfreien Kognition ist ihre dezentralisierte Natur. Im Gegensatz zum neurotypischen Denken, das oft auf eine selbstzentrierte Perspektive fokussiert ist, arbeitet die skalenfreie Kognition ohne eine klare Hierarchie. Diese Dezentralisierung macht sie robuster, anpassungsfähiger und widerstandsfähiger gegenüber Veränderungen. Für das autistische Denken bedeutet dies, dass es nicht durch die üblichen Top-Down-Prozesse eingeschränkt wird, die Selbstrelevanz priorisieren. Stattdessen sind autistische Gedanken frei, ein breiteres Spektrum an Informationen zu erkunden und Verbindungen zu knüpfen, die unkonventionell oder unerwartet erscheinen mögen.

Die skalenfreie Kognition, die durch ihre dezentrale Natur gekennzeichnet ist, weist auf eine Form des Denkens hin, die sich nicht an strikte hierarchische Strukturen hält. Dies macht sie flexibler und widerstandsfähiger und ermöglicht eine breitere, anpassungsfähigere Auseinandersetzung mit Informationen.

Effizienz und Emergenz

Ein weiterer Aspekt der skalenfreien Kognition ist, dass sie durch Emergenz Effizienz ermöglicht – komplexe Verhaltensweisen entstehen aus einfachen Regeln. Im Zusammenhang mit Autismus bedeutet dies, dass unsere Denkweise oft auf Prinzipien beruht, die sehr anpassungsfähig sind. Dadurch können wir auf Situationen mit einer Art intuitiver Logik reagieren, die nicht auf früheren Erwartungen basiert.

Abbau von kognitiven Verzerrungen

Ein weiterer Vorteil der skalenfreien Kognition ist ihr Potenzial, kognitive Verzerrungen zu reduzieren. Da autistisches Denken oft außerhalb der üblichen selbstzentrierten Rahmenwerke funktioniert, sind wir weniger anfällig für typische Denkfallen wie Voreingenommenheit oder emotionales Schlussfolgern. Unser Fokus auf unmittelbare sensorische Daten ermöglicht es uns, uns direkter mit Informationen auseinanderzusetzen, ohne die Filter, die die Wahrnehmung verzerren können. Diese Objektivität kann von großer Bedeutung sein und erlaubt autistischen Personen, Probleme mit einer Klarheit zu lösen, die weniger von persönlichen Überzeugungen beeinflusst wird.

Gegenargumente: Mangel an subjektivem Verständnis und Introspektion

Die skalenfreie Kognition birgt jedoch auch Herausforderungen. Ein Nachteil besteht darin, dass die Fähigkeit zum subjektiven Verständnis und zur Introspektion geringer sein kann. Da autistisches Denken oft externe Daten über innere Reflexion priorisiert, haben wir möglicherweise Schwierigkeiten mit Aufgaben, die tiefes Selbstbewusstsein oder emotionales Einfühlungsvermögen erfordern. Für mich bedeutet das, dass ich zwar sehr aufmerksam auf die Welt um mich herum bin, meine innere Landschaft jedoch oft weniger zugänglich und weniger klar definiert erscheint.

Ein gutes Beispiel ist die klassische Gesprächstherapie, bei der der Therapeut die Sitzung typischerweise mit der Frage beginnt: „Wie fühlen Sie sich heute?" Für eine autistische Person gibt es oft keine offensichtliche Antwort. Es ist eher so, als müssten wir die Antwort erst suchen. Wir müssen herausfinden, wie wir uns fühlen, und dann versuchen, es in Worte zu fassen. Wenn wir uns die nötige Zeit nehmen würden, wäre die Stunde wahrscheinlich vorbei, bevor wir eine Antwort gefunden hätten. Dies ist kein Fehler, sondern eine andere Art zu sein. Es zeigt, dass alle kognitiven Stile ihre eigenen Stärken und Schwächen haben. Der Schlüssel besteht darin, diese Unterschiede zu verstehen und zu schätzen sowie die Bedeutung jeder individuellen Art, die Welt zu erleben, zu akzeptieren.

Die Idee der skalenfreien Kognition eröffnet neue Wege, das autistische Denken zu verstehen. Sie legt nahe, dass unsere kognitiven Grenzen flexibler, anpassungsfähiger und weniger durch die üblichen Grenzen des Selbst eingeschränkt sind. Diese Perspektive hilft nicht nur, die Stärken der autistischen Kognition zu erklären, sondern stellt auch traditionelle Vorstellungen davon in Frage, was es bedeutet zu denken, wahrzunehmen und zu sein.

Bedingungen für die Zero-Person-Perspektive

Mit einem autistischen Geist zu leben, bedeutet oft, in einer Welt zu navigieren, in der man sich nicht wirklich zugehörig fühlt. Die Art und Weise, wie wir denken, Informationen verarbeiten und mit unserer Umgebung interagieren, unterscheidet sich vom neurotypischen Vorgehen, und das Verständnis sowie die Navigation dieser Unterschiede werden zu einer lebenslangen Aufgabe.

Für Neurotypische mag die Vorstellung einer Zero-Person-Perspektive widersprüchlich klingen, doch für autistische Personen ist sie ein Lebensweg. Unsere Denk- und Wahrnehmungsweise unterscheidet sich von der typischen Erste-Person-Perspektive, die die meisten Menschen voraussetzen. Paradoxerweise kann sich unsere Kognition gleichzeitig distanzierter und direkter anfühlen, als ob wir ohne die üblichen selbstreferenziellen Filter mit der Welt interagieren würden.

Phillips' „Erklärungslücke" (2018) hebt die Schwierigkeiten hervor, subjektive Erfahrungen zu verstehen, und zieht Parallelen zu größeren philosophischen Problemen im Bereich des Bewusstseins. Diese Analogie kann auf das Verständnis der autistischen Kognition aus einer neurotypischen Perspektive erweitert werden, wodurch autistische Wahrnehmungserfahrungen als einzigartige, aber kohärente kognitive Stile betont werden. Dies steht im Einklang mit Diskussionen über die Natur subjektiver Erfahrungen und den Schwierigkeiten, diese aus einer externen Sichtweise vollständig zu erfassen (Pellicano & Burr, 2012; Lombardo et al., 2010).

Um die Unterscheidung zwischen notwendigen und hinreichenden Voraussetzungen für die Entstehung einer Zero-Person-Perspektive zu verdeutlichen, insbesondere im Zusammenhang mit autistischen und neurotypischen Menschen, ist es wichtig, den Fokus auf die Bedingungen zu legen, die von Natur aus notwendig sind und die, die kultiviert werden können (hinreichend).

Notwendige Bedingungen

Notwendige Bedingungen sind jene, die vorhanden sein müssen, damit die Zero-Person-Perspektive eintreten kann. Bestimmte neurobiologische und kognitive Merkmale prädisponieren autistische Menschen von Natur aus für die Einnahme dieser Perspektive. Eine zentrale notwendige Bedingung ist die atypische Funktionsweise des Default Mode Network (DMN). Forschungsergebnisse zeigen, dass das DMN bei autistischen Personen oft weniger aktiv ist oder anders vernetzt, was zu einer Verringerung selbstreferenziellen Denkens und einem geringeren Fokus auf soziale Kognition führt. Diese neurobiologische Grundlage schafft eine Umgebung, in der Selbstwahrnehmung und soziale Einschätzung vermindert sind.

Dies erinnert an die umfassendere philosophische Debatte über die Natur subjektiver Erfahrungen und die Schwierigkeiten, diese von außen vollständig zu begreifen (Uddin et al., 2013; Lombardo et al., 2011; Bennett et al., 2012).

Hinreichende Bedingungen

Hinreichende Bedingungen sind jene, die eine Zero-Person-Perspektive ermöglichen können, aber nicht zwingend erforderlich sind. Neurotypische Menschen, die von Natur aus keine reduzierte DMN-Aktivität aufweisen, können durch bestimmte Praktiken, die diese neurokognitiven Bedingungen nachahmen, einen Zero-Person-Zustand erreichen. Zum Beispiel können Achtsamkeitsmeditation, kontemplative Praktiken und andere mentale Übungen die DMN-Aktivität verringern und nichtselbstreferenzielles Denken fördern (Farb et al., 2007; Brewer et al., 2011). Diese Praktiken verändern zwar nicht die grundlegende Struktur des DMN, können jedoch seine Funktionsweise vorübergehend modifizieren und es neurotypischen Menschen ermöglichen, diesen veränderten kognitiven Stil zu erleben.

Autistische Menschen erfüllen von Natur aus die notwendigen Bedingungen (veränderte DMN-Aktivität) und verfügen oft über hinreichende Bedingungen (kognitive Verarbeitungsstärken), die mit der Zero-Person-Perspektive übereinstimmen. Neurotypische Menschen erfüllen die notwendigen Bedingungen nicht von Natur aus, können jedoch durch Praktiken wie Meditation hinreichende Bedingungen schaffen, um eine Zero-Person-Perspektive vorübergehend einzunehmen.

Die Wirksamkeit der Zero-Person-Perspektive im menschlichen Gehirn

Die Zero-Person-Perspektive ist nicht nur eine Besonderheit der autistischen Kognition; sie stellt eine äußerst effiziente Art der Informationsverarbeitung dar. Ohne die zusätzliche Belastung durch Selbstreflexion, emotionale Beteiligung oder soziale Überlegungen kann das Gehirn mehr Ressourcen auf die unmittelbare Aufgabe konzentrieren. Diese Effizienz ist etwas, auf das ich mich verlassen habe. Während neurotypische Menschen möglicherweise durch persönliche Vorurteile oder emotionale Reaktionen abgelenkt werden, bleibt mein Geist in der Regel fokussiert.

Vorteile der Zero-Person-Kognition

Die Zero-Person-Perspektive und die skalenfreie Kognition können in bestimmten Situationen als überlegen angesehen werden – insbesondere dort, wo Anpassungsfähigkeit, Objektivität und robuste Entscheidungsfindung erforderlich sind. Autistische Entscheidungsfindung widerspricht oft der konventionellen Logik – nicht, weil sie irrational ist, sondern weil sie einem anderen Regelwerk folgt. Die Zero-Person-Perspektive spielt eine entscheidende Rolle dabei, wie Entscheidungen getroffen werden, angetrieben von einer Mischung aus objektiver Datenverarbeitung, einer geringeren Abhängigkeit von emotionalen Signalen und einem Fokus auf die direkte Auseinandersetzung mit der Welt.

"Zero-Person epistemische Handlungsfähigkeit" könnte ein passender Begriff sein, um die Besonderheiten der autistischen Kognition zu beschreiben. Im Gegensatz zur Erste-Person-Handlungsfähigkeit, die zutiefst persönlich und subjektiv ist, ist die Zero-Person-Handlungsfähigkeit distanzierter und datengesteuerter. Für autistische Menschen bedeutet dies, dass ihre Kognition oft die Filter persönlicher Erfahrung umgeht und sich stattdessen auf die Sinnesdaten selbst konzentriert.

Studien zeigen immer wieder, dass autistische Menschen in Aufgaben, die objektive Analyse, Mustererkennung und logisches Denken erfordern, hervorragend abschneiden. Unsere reduzierte Abhängigkeit vom DMN spielt dabei eine zentrale Rolle, da sie uns von den gedanklichen Schleifen befreit, die das Urteilsvermögen in der neurotypischen Kognition oft trüben.

Hochfunktionale autistische Menschen zeigen häufig eine bemerkenswerte Effizienz in der Informationsverarbeitung, insbesondere in nicht-sozialen Kontexten. Diese Effizienz ist direkt mit unserer einzigartigen kognitiven Architektur verbunden. Es geht bei diesem Verarbeitungsstil nicht nur um Geschwindigkeit, sondern auch um Genauigkeit. Daher zeichnen sich viele autistische Personen in Fachgebieten wie Mathematik, Ingenieurwesen und Naturwissenschaften aus – in Bereichen, in denen es besonders wichtig ist, auf Details zu achten und objektiv zu analysieren.

Ethische, soziale und kognitive Implikationen von Zero-Person-Entscheidungen

Die Zero-Person-Perspektive anzunehmen, bedeutet nicht nur, zu verstehen, wie autistische Kognition funktioniert, sondern auch Wege zu finden, sich innerhalb dieser einzigartigen Lebensweise voll zu entfalten. Für autistische Menschen kann die Zero-Person-Perspektive ein Weg zu Klarheit, Präzision und einer tieferen Auseinandersetzung mit der Welt sein. Doch sie bringt auch Herausforderungen mit sich – das Navigieren sozialer Erwartungen, der Umgang mit sensorischen Empfindlichkeiten und das Finden eines Gleichgewichts in einer Welt, die oft nicht mit ihrer Denkweise übereinstimmt.

Die Zero-Person-Perspektive hat einzigartige ethische und soziale Implikationen, insbesondere im Hinblick auf Entscheidungsfindungen. Einerseits kann die autistische Objektivität ein Vorteil sein, da sie es ermöglicht, unvoreingenommene Entscheidungen zu treffen, die weniger von persönlichen oder emotionalen Faktoren beeinflusst sind. Andererseits kann diese Distanz auch Herausforderungen darstellen, insbesondere in Kontexten, die soziale Sensibilität, gesellschaftliche Nuancen und emotionale Überlegungen erfordern.

Die ethischen Implikationen der Zero-Person-Perspektive reichen über persönliche Entscheidungen hinaus. In vielerlei Hinsicht kann die autistische Objektivität zu unparteiischeren und gerechteren Ergebnissen führen, besonders in Situationen, die von unvoreingenommenem Denken profitieren. Gleichzeitig kann diese scheinbare Distanz auch als Mangel an Empathie oder emotionalem Engagement wahrgenommen werden, insbesondere in Kontexten, in denen menschliche Werte eine große Rolle spielen. Chevallier et al. (2012) argumentieren, dass autistische Menschen oft eine verminderte soziale Motivation zeigen, was ihre Auseinandersetzung mit sozialen Informationen beeinflusst und als Mangel an Empathie oder emotionaler Verbindung missverstanden werden kann. Diese Distanz kann in sozialen Interaktionen zu Missverständnissen führen, bei denen ihre unvoreingenommene und objektive Perspektive als Mangel an emotionalem Engagement fehlinterpretiert wird – insbesondere in Situationen, in denen Empathie und persönliche Verbindungen im Vordergrund stehen.

Autistische Empathie funktioniert anders und knüpft oft tiefere Verbindungen zu spezifischen Kontexten oder Reizen, anstatt den typischen sozialen Signalen zu folgen. Diese Neudefinition von Empathie stellt traditionelle Ansichten infrage und unterstreicht die Gültigkeit alternativer Methoden des sozialen Engagements (Milton, 2012; Samson, Walker & Cerniglia, 2014; Gray & Baron-Cohen, 2008).

Abgrenzung des Zero-Person-Konzepts von Meditation, Flow und nicht-dualen Zuständen

Der Begriff "Zero-Person" wurde in verschiedenen philosophischen und meditativen Kontexten verwendet, um Bewusstseinszustände zu beschreiben, in denen das gewohnte Selbstgefühl verblasst und das Bewusstsein sich von der persönlichen Identität löst.[2] Diese Zustände werden oft durch Meditation, Flow-Erfahrungen und Praktiken des nicht-dualen Bewusstseins

---

[2] Eine aktuelle Studie von Katyal und Goldin (2021) legt nahe, dass konzentrierte Meditation eine nicht-evaluative Wahrnehmungshaltung ermöglicht, die durch eine reduzierte Gamma-Band-Phasensynchronisation in den lateralen parietalen und okzipitalen Regionen unterstützt wird.

angestrebt und spiegeln einen kognitiven Modus wider, der im starken Kontrast zum selbstreferenziellen Denken steht, das im alltäglichen Bewusstsein typisch ist. Obwohl die Zero-Person-Perspektive in diesen Traditionen einige Ähnlichkeiten mit dem kognitiven Stil aufweist, der häufig bei autistischen Menschen zu beobachten ist, ist es entscheidend, die Konzepte klar zu unterscheiden, um den Begriff speziell für die Autismusforschung neu zu definieren.

Dieses Kapitel untersucht die bestehende Verwendung des Zero-Person-Konzepts in Meditations- und Flow-Zuständen, hebt die wesentlichen Unterschiede hervor und formuliert es neu, um die einzigartigen kognitiven Erfahrungen autistischer Individuen zu erfassen. Dadurch strebe ich an, eine Definition der Zero-Person-Kognition zu entwickeln, die fest im Kontext von Neurodiversität und Autismus verwurzelt ist.

Zero-Person vs. No-Self

In meditativen Traditionen, insbesondere im Buddhismus und der Advaita Vedanta, spielt das Konzept des Nicht-Selbst (anatta oder anatman) eine zentrale Rolle. Meditationspraktizierende streben danach, ihre egozentrierten Identitäten zu überwinden und einen Bewusstseinszustand zu erreichen, in dem persönliche Erzählungen und selbstreferenzielles Denken aufgelöst werden.[3] Dieser Zustand wird oft als Zero-Person-Erfahrung beschrie-

---

[3] Eine Studie von Laukkonen und Slagter (2021) legt nahe, dass Meditation zeitlich ausgedehnte Prozesse wie das episodische Zukunftsdenken und die Entscheidungsfindung reduzieren kann. Dies führt zu ungewöhnlichen Erfahrungen, wie dem Verlust der Unterscheidung zwischen Selbst und Anderen sowie dem Aufhören der Zeitwahrnehmung im nicht-dualen Bewusstsein.

ben – ein Bewusstsein ohne persönliches Zentrum, in dem die Welt ohne den Filter des Egos wahrgenommen wird.

Berkovich-Ohana et al. (2012) haben gezeigt, dass Achtsamkeitsmeditations-Praktizierende eine geringere Gamma-Aktivität in der Stirnregion, vorwiegend auf der rechten Seite, aufweisen. Diese Aktivität steht im Zusammenhang mit Selbstreferenz und der Funktion des Default Mode Network (DMN). Die Verringerung der Gamma-Aktivität im Stirnbereich deutet auf einen Übergang von narrativer zu erfahrungsbezogener Selbstreferenz hin. In einer neueren Studie legen Berkovich-Ohana et al. (2024) nahe, dass meditative Praktiken eine Neuorganisation des Selbstmusters in Richtung eines "selbstlosen" Zustands fördern können.

Während der meditative Zero-Person-Zustand eine kultivierte Erfahrung darstellt, die oft jahrelange Praxis erfordert, stellt die Zero-Person-Perspektive im Autismus einen natürlichen und kontinuierlichen kognitiven Stil dar, der nicht bewusst darauf abzielt, das Selbst zu minimieren. Diese Form der Kognition kann als Grundmodus der Verarbeitung verstanden werden und nicht als veränderter Zustand, der durch gezielte mentale Übungen erreicht wird.

Der meditative Zero-Person-Zustand betont die Überwindung des Selbst als spirituelles Ziel, während die autistische Zero-Person-Perspektive keine bewusste Transzendenz anstrebt, sondern eine fundamentale Art des Seins darstellt. Dieser Unterschied ist entscheidend: Die Zero-Person-Perspektive im Autismus ist keine Flucht vor dem Selbst, sondern ein anderer kognitiver Stil, der eine direkte Interaktion mit der Welt ohne die Vermittlung selbstreferenziellen Denkens priorisiert. Während beide Kontexte eine Verringerung des Selbstbewusstseins teilen, ist die Zero-Person-Perspektive im Autismus inhärent und situativ, nicht aspirativ oder transzendental.

Flowzustände vs. Zero-Person-Perspektive bei Autismus

Losgelöstes Bewusstsein, oft im Kontext von Meditation und Flow-Zuständen beschrieben, beinhaltet das Gefühl, vollständig präsent zu sein, ohne die typischen selbstbewussten Sorgen. In solchen Zuständen erlebt das Individuum eine Verschmelzung von Handlung und Bewusstsein, wobei Gedanken und Handlungen mühelos ineinander übergehen, ohne dass persönliches Urteil oder reflektierendes Selbstbewusstsein eingreifen.

Flow, ein Konzept, das ausführlich von Mihaly Csikszentmihalyi (1990) untersucht wurde, beschreibt einen Zustand, in dem Menschen tief in eine Aktivität vertieft sind, das Zeitgefühl und das Selbstbewusstsein verlieren. Der Fokus liegt ausschließlich auf der Aufgabe, ohne Rücksicht auf persönlichen Gewinn oder soziale Bewertung. Während Flow-Zustände und meditative Zero-Person-Zustände oberflächlich betrachtet Ähnlichkeiten mit der Zero-Person-Perspektive im Autismus aufweisen – insbesondere hinsichtlich der Reduzierung des selbstreferenziellen Denkens –, gibt es wesentliche Unterschiede.

Der Flow-Zustand ist in der Regel vorübergehend und an spezifische Aktivitäten gebunden, die persönliche Fähigkeiten mit Herausforderungen in Einklang bringen. Er ist gekennzeichnet durch ein bewusstes Engagement in einer Aufgabe, das zu einer vorübergehenden Aussetzung des Selbstbewusstseins führt. Im Gegensatz dazu ist die Zero-Person-Perspektive im Autismus nicht an externe Aufgaben oder bestimmte Bedingungen gebunden, sondern stellt ein stabiles kognitives Merkmal dar. Autistische Menschen erleben diese direkte, ungefilterte Auseinandersetzung mit ihrer Umgebung häufig als konstante Art der Interaktion mit der Welt, nicht als episodischen Zustand, der durch äußere Umstände ausgelöst wird.

Philosophisch betrachtet werden meditative und Flow-basierte Zero-Person-Zustände oft als idealisierte oder angestrebte Erfahrungen im Gegensatz zum normalen neurotypischen Bewusstseinszustand dargestellt. Demgegenüber spiegelt die Zero-Person-Perspektive im Autismus einen Standardmodus der Reizverarbeitung wider, der je nach Kontext sowohl Vorteile als auch Herausforderungen mit sich bringen kann. Es ist kein Zustand, den man erreichen muss, sondern eine natürliche, fortlaufende Art, die Realität zu erleben.

Umnutzung der Zero-Person für die Autismusforschung

Die Umnutzung des Zero-Person-Konzepts für die Autismusforschung betont einen entscheidenden Punkt: Während die meditative und flow-basierte Verwendung des Begriffs einen außergewöhnlichen Zustand beschreibt, der durch bewusste Praxis erreicht wird, repräsentiert die Zero-Person-Perspektive im Autismus einen spezifischen kognitiven Stil, der unabhängig von solchen Anstrengungen besteht.

Diese Perspektive hinterfragt traditionelle Vorstellungen des Selbst, die in der westlichen Philosophie dominieren, da diese häufig auf ein stabiles, kontinuierliches Selbst als Kern der persönlichen Identität fokussiert sind. Die Zero-Person-Perspektive im Autismus schlägt ein anderes Modell des Selbst vor — eines, das fließend, episodisch und kontextabhängig ist. Diese Art des Seins mindert nicht die Reichhaltigkeit der Erfahrung, sondern rahmt sie neu, indem sie eine Weise der Interaktion mit der Welt präsentiert, die tief authentisch und unverfälscht ist.

Indem wir die Zero-Person-Perspektive im Autismus von ihren philosophischen und meditativen Gegenstücken abgrenzen, unterstreichen wir ihre besondere Relevanz für die Neurodiversität und die Autismusforschung. Dieser Ansatz erfordert eine Neugestaltung unseres Verständnisses von kognitiver Vielfalt. Er bewegt sich weg von einer defizitorientierten Perspektive hin zu einer Wertschätzung der einzigartigen Wahrnehmungs- und Interaktionsweisen autistischer Menschen mit der Realität. Die Anerkennung der Zero-Person-Perspektive als legitimen und wertvollen kognitiven Stil eröffnet neue Wege, neurodivergente Denkweisen zu verstehen und zu unterstützen.

Unterscheidungen zwischen Zero-Person-Kognition und Bestehenden Kognitionstheorien

Die Zero-Person-Kognition dient als neues Rahmenwerk, das bestehende Merkmale des Autismus (wie reduziertes selbstreferenzielles Denken, verstärkte Detailwahrnehmung und objektives Denken) nicht als Defizite, sondern als ebenso gültige kognitive Stärken betrachtet. Dieser Perspektivwechsel ermöglicht eine Neubewertung des Autismus – weg von einem defizitorientierten Modell hin zu einem wertorientierten Ansatz, der die besonderen Stärken und Eigenheiten der autistischen Kognition betont.

Zero-Person-Kognition vs. No-Self in der Meditation

Anders als das Konzept des No-Self wird die Zero-Person-Kognition nicht bewusst kultiviert, sondern stellt einen grundlegenden Kognitionsmodus dar, der häufig bei autistischen

Menschen zu finden ist. Sie repräsentiert einen natürlichen kognitiven Stil, bei dem selbstreferenzielles Denken minimiert wird und die Wahrnehmung stark in unmittelbaren sensorischen Eindrücken und Erfahrungen verwurzelt ist. Der entscheidende Unterschied besteht darin, dass die Zero-Person-Kognition kein erreichter Zustand ist, sondern eine inhärente Form der Informationsverarbeitung.

Zero-Person-Kognition vs. Erste-Person- und Dritte-Person-Perspektive

Die Erste-Person-Perspektive ist auf das Selbst fokussiert und wird stark von persönlichen Erfahrungen, Vorurteilen und Emotionen geprägt. Sie stellt den Standardmodus für die meisten neurotypischen Menschen dar und ist gekennzeichnet durch eine kontinuierliche innere Selbstnarration.

Die Dritte-Person-Perspektive ermöglicht das Verständnis von Situationen aus einer Außenperspektive und ist oft mit objektivem Denken sowie einer Distanzierung von persönlichen Vorurteilen verbunden.

Im Gegensatz zur Erste- und Dritte-Person-Perspektive verzichtet die Zero-Person-Kognition auf ein selbstzentriertes Narrativ. Sie konzentriert sich auf die direkte Interaktion mit der Umwelt, ohne durch persönliche Identität oder soziale Erwartungen beeinflusst zu werden. Diese Perspektive verschiebt den Fokus der Kognition von selbstreferenziellem Denken hin zu einer unmittelbaren Auseinandersetzung mit der Außenwelt — eine Eigenschaft, die besonders im Kontext von Autismus relevant ist.

Zero-Person-Kognition vs. prädiktive Kodierung und Bayes'sche Gehirn-theorien

Sowohl die Predictive-Coding-Theorie als auch die Bayes'sche Gehirntheorie beschreiben das Gehirn als eine vorhersagende Maschine, die ihr Weltmodell kontinuierlich durch die Minimierung von Vorhersagefehlern aktualisiert. Bei neurotypischen Menschen wird dieses Modell stark von vergangenen Erfahrungen und sozialen Normen geprägt, was häufig dazu führt, dass erwartete Ergebnisse bevorzugt werden.

Während Predictive Coding auch für die autistische Kognition relevant ist, betont die Zero-Person-Kognition die reduzierte Abhängigkeit des autistischen Gehirns von früheren Erfahrungen und sozialen Normen. Dieser kognitive Stil stellt Echtzeit-Sinnesdaten über zuvor erlernte Erwartungen und führt zu einzigartigen Wahrnehmungs- und Interaktionsweisen mit der Welt – nicht nur vorhersagend, sondern unmittelbar und ungefiltert.

Zero-Person-Kognition vs. Selbstmodelltheorie

Metzingers Selbstmodell-Theorie besagt, dass das Selbst ein vom Gehirn konstruiertes Modell ist, das die Interaktion mit der Welt erleichtert. Dieses Modell umfasst Elemente wie das Phänomenale Selbstmodell, welches sensorische, kognitive und emotionale Informationen zu einem kohärenten „Ich"-Gefühl integriert.

Die Zero-Person-Kognition hingegen legt keinen Schwerpunkt auf den Aufbau eines kohärenten Selbstmodells. Das Ergebnis ist oft ein fragmentiertes oder episodisches Selbstgefühl, bei dem die kognitive Verarbeitung flüssiger und stärker kontextabhängig ist. Der Fokus liegt weniger auf der Aufrecht-

erhaltung eines stabilen Narrativs und mehr auf der direkten Reaktion auf sensorische und situative Reize.

Teil 2 – Erleben

Anwendung des Zero-Person Konzepts

Im zweiten Teil dieses Buches bewegen wir uns von der wissenschaftlichen Grundlage der Zero-Person-Perspektive hin zu ihren praktischen Auswirkungen auf das tägliche Leben. Dieses Kapitel dient als Einführung in die aktive Anwendung der Zero-Person-Perspektive und bietet Werkzeuge und Einsichten, die in den Alltag und in zwischenmenschliche Interaktionen integriert werden können. Ein Vorbehalt: Autismus ist ein Spektrum, und ich kann nur für mich selbst sprechen. Ich werde Ihnen die Fähigkeiten und Werkzeuge vorstellen, die für mich hilfreich sind, wohl wissend, dass jeder Mensch im Spektrum aufgrund individueller sensorischer Profile möglicherweise andere Lösungen für sich finden muss. Allerdings bin ich überzeugt, dass ich zwei Episoden klinischer Depression und ein Burnout hätte verhindern können, wenn ich früher von der Zero-Person-Perspektive und Selbstfürsorge gewusst hätte. Nehmen Sie also aus meinen Erfahrungen das, was für Sie funktioniert, lassen Sie den Rest und beginnen Sie, Ihr eigenes Toolkit aufzubauen.

Die folgenden Kapitel führen Sie durch wesentliche Fähigkeiten – vom Aufbau von Routinen und dem Umgang mit sensorischen Empfindlichkeiten bis hin zum Navigieren sozialer Beziehungen und dem Eintreten für Ihre Bedürfnisse. Indem Sie die Zero-Person-Perspektive übernehmen, passen Sie sich nicht nur einer neuen Denkweise über Ihren Autismus an – Sie beginnen, neu zu definieren, wie Sie mit der Welt um Sie herum interagieren, auf eine Weise, die für Sie funktioniert. Statt sich an eine neurotypische Realität anzupassen, können Sie beginnen, eine autistische Realität zu gestalten, die Ihre Herausforderungen verringert und Ihre Stärken fördert. Dies ist eine Reise, die Selbst-

fürsorge, Selbstbestimmung und die Bedeutung von Grenzzie-
hungen betont und Ihnen hilft, ein aktiver Teilnehmer bei der
Schaffung einer inklusiveren und verständnisvolleren Umgebung zu werden, in der Sie aufblühen können.

In diesem Abschnitt lernen Sie, wie Sie die Zero-Person-Perspektive nutzen können, um Resilienz aufzubauen, sinnvolle
Verbindungen zu fördern und sich für eine neurodiversitäts-
freundlichere Welt einzusetzen. Während Sie sich mit den Strategien und Reflexionen in diesem Kapitel auseinandersetzen,
werden Sie ermutigt, Herausforderungen als Chancen für persönliches Wachstum zu betrachten und sich nicht nur als Ler-
nender, sondern auch als Fürsprecher für Veränderungen zu po-
sitionieren. Wir können die Welt nur zu unseren Gunsten verändern, wenn wir beginnen, uns aus unserer eigenen Perspektive
für uns selbst einzusetzen.

Fertigkeiten des täglichen Lebens

Alltagsfähigkeiten bedeuten nicht nur, Aufgaben zu erledigen,
sondern ein Leben zu gestalten, das im Einklang mit dem eigenen neurologischen Profil steht. Für autistische Menschen bedeutet dies, Strategien zu entwickeln, die Vorhersehbarkeit,
Selbstfürsorge und sensorisches Management in den Vordergrund stellen. Durch den Aufbau unterstützender Routinen, die
bewusste Integration von Selbstfürsorge-Praktiken und das aktive Management sensorischer Empfindlichkeiten können Menschen im Spektrum Umgebungen schaffen, die nicht nur ihre
Bedürfnisse berücksichtigen, sondern ihnen auch ermöglichen,
wirklich zu gedeihen. Diese täglichen Praktiken bilden die
Grundlage für ein erfülltes und ausgewogenes Leben, indem die

Zero-Person-Perspektive genutzt wird, um die Welt mit größerer Autonomie und Leichtigkeit zu navigieren.

Aufbau von Routinen und Struktur

Für autistische Menschen können Routinen und Struktur wichtige Anker im Alltag sein. Forschungsergebnisse zeigen, dass unser Selbstverständnis stark davon abhängt, wie wir unsere Umgebung gestalten. Wenn das Gehirn so verdrahtet ist, dass es stärker auf sensorische Reize reagiert, anstatt auf frühere Überzeugungen zurückzugreifen, hängt ein großer Teil des Wohlbefindens davon ab, Kontrolle über das zu haben, was kontrollierbar ist, um Überraschungen zu minimieren. Eine vorhersehbare Routine reduziert Unsicherheit und ermöglicht es dem Gehirn, kognitive Ressourcen zu sparen, die ansonsten für den Umgang mit unerwarteten Veränderungen aufgewendet würden. Diese Struktur geht über reine Gewohnheit hinaus – sie dient als Werkzeug, um sensorische Empfindlichkeiten zu bewältigen, Angst zu reduzieren und ein Gefühl der Erdung zu schaffen.

Routinen können viele Formen annehmen, von Morgenritualen wie dem Zubereiten eines bestimmten Frühstücks bis hin zu sorgfältig geplanten Tagesabläufen. Der Schlüssel liegt in der Personalisierung – herauszufinden, was für jede Person am besten funktioniert. Für einige kann ein physischer Planer mit Symbolen oder Farben einen klaren, greifbaren Fahrplan für den Tag bieten. Für andere sind Smartphone-Apps mit Erinnerungen und Weckern hilfreich, um die Ordnung zu bewahren.

Wie eine Person sich organisiert, hängt auch stark von ihrer sensorischen Ausgangslage ab. Nach einem Shutdown oder

Meltdown[4] kann es notwendig sein, eine vereinfachte Routine zu nutzen, um verschärfte Symptome zu bewältigen. Seien Sie darauf vorbereitet. Als ich von einem stationären Aufenthalt in einer psychiatrischen Klinik zur Behandlung einer klinischen Depression zurückkam, brauchte ich ein großes Magnetboard, um meine Woche zu organisieren. Ich dachte über die verschiedenen Aktivitäten nach, die erledigt werden mussten – wie Arbeiten, Kochen, den Hund ausführen, Hausarbeit – und über Dinge, die ich tun wollte, wie ein Nickerchen machen, meditieren oder malen. Für jede Kategorie bereitete ich magnetische Streifen in unterschiedlichen Farben vor. Zu Beginn plante ich die ganze Woche. Das Board stand in meinem Wohnzimmer, sodass ich es mehrmals am Tag sah. Jedes Mal, wenn ich daran vorbeiging, fühlte ich mich beruhigt, weil meine Woche geplant war, ich wusste, was als Nächstes zu tun war, und hielt mich an den Plan. Mit der Zeit wurde ich flexibler und nutzte das Board eher dazu, festzuhalten, was ich an einem bestimmten Tag erledigt hatte. Am Ende eines Tages zeichnete ich ein lachendes Gesicht, wenn der Tag gut verlaufen war, ein neutrales Gesicht,

---

[4] Shutdown: Ein Shutdown ist eine nach innen gerichtete Reaktion auf Überforderung. Während eines Shutdowns kann eine autistische Person sich zurückziehen, nicht ansprechbar sein oder den Eindruck erwecken, "abzuschalten". Diese Reaktion ist durch eine Verringerung der Interaktion mit der Umgebung und anderen gekennzeichnet, und die betroffene Person kann Schwierigkeiten haben, zu sprechen, sich zu bewegen oder zu verarbeiten, was um sie herum geschieht.
Meltdown: Ein Meltdown ist eine nach außen gerichtete Reaktion auf überwältigende Situationen. Er ist oft gekennzeichnet durch einen intensiven und unkontrollierbaren Ausdruck von Emotionen, der Weinen, Schreien, aggressives Verhalten oder andere Formen körperlichen Ausdrucks umfassen kann. Meltdowns treten auf, wenn die Fähigkeit einer Person, mit überwältigenden sensorischen, emotionalen oder sozialen Reizen umzugehen, erschöpft ist, was zu einem Verlust der Selbstkontrolle führt.

wenn er okay war, und ein trauriges Gesicht, wenn es ein schlechter Tag war. Solche Aufzeichnungen halfen mir zu erkennen, wie viel Belastung mein System zu einem bestimmten Zeitpunkt bewältigen konnte, was mir half und was ich vermeiden sollte. Nach einigen Monaten brauchte ich das Board nicht mehr, aber zu Beginn war es ein Lebensretter.

Routinen zu etablieren, muss nicht starr oder überwältigend sein. Beginnen Sie mit kleinen, überschaubaren Schritten, wie z. B. feste Zeiten für Mahlzeiten oder ein abendliches Ritual. Mit der Zeit können diese Routinen erweitert werden, um einen beruhigenden Rahmen zu schaffen, der es erleichtert, den Tag zu gestalten. Außerdem kann Flexibilität – zum Beispiel Zeit für unstrukturierte Aktivitäten – dabei helfen, sich auf die unvermeidlichen Störungen des Lebens vorzubereiten und diese zu bewältigen.

Vorhersehbarkeit zu verbessern, bedeutet auch, Aufgaben im Haushalt und soziale Kontakte im Auge zu behalten. Beide können das Nervensystem stark beanspruchen, je nach sensorischer Empfindlichkeit. Ich musste lernen, dass ein einstündiges Telefongespräch bedeutete, dass ich danach eine Pause einlegen musste, um mein Nervensystem wieder in Einklang zu bringen. Eine gute Faustregel ist, nur dann Anrufe zu tätigen oder anzunehmen, wenn die eigenen Energiereserven voll sind. Es kann hilfreich sein, Freunde und Familie im Voraus darüber zu informieren, dass Energiemanagement priorisiert wird, anstatt immer erreichbar zu sein. Erklären Sie, dass Sie Zeit für sich selbst brauchen, um sich zu regulieren und gesund zu bleiben.

Ein paar Jahre nach meiner Diagnose brauche ich keine strikte Planung mehr, aber ich habe ein paar feste Punkte in meinem Tagesablauf beibehalten. Ich habe festgestellt, dass mein inneres

Gleichgewicht sofort gefährdet ist, wenn ich diese vernachlässige.

Die Bedeutung der Selbstfürsorge

Selbstfürsorge ist für alle Menschen wichtig, doch für autistische Menschen erfordert sie oft mehr Planung und Einsatz. Selbstfürsorge umfasst viele verschiedene Aktivitäten, die darauf abzielen, die körperliche, geistige und emotionale Gesundheit zu unterstützen – von grundlegenden Hygienemaßnahmen bis hin zu speziellen Bedürfnissen wie sensorischem Management und der Förderung der psychischen Gesundheit. Für viele autistische Menschen kann die Selbstfürsorge aufgrund erhöhter sensorischer Empfindlichkeiten oder Schwierigkeiten mit der exekutiven Funktion eine besondere Herausforderung darstellen. Wir neigen dazu, uns stark auf Aufgaben zu konzentrieren und dabei unser eigenes Wohlbefinden zu vernachlässigen.

Regelmäßige Pausen während des Tages einzulegen, um sich zu entspannen oder selbstregulierenden Aktivitäten wie Meditation oder Zeit in der Natur nachzugehen, kann sehr hilfreich sein. Ich habe einen Hund, wodurch ich mehrmals täglich spazieren gehe. Mein Hund ist mein bester Freund, aber er erfüllt auch eine wichtige Funktion – er ist mein Anker. Es fühlt sich an, als würde er mich am Boden halten. Es gab Momente, in denen er mich buchstäblich gerettet hat. Er spürte, wenn ich kurz vor einer Panikattacke stand, verlangsamte sein Tempo und brachte mich sicher nach Hause. So führen wir einander abwechselnd aus.

Es ist auch wichtig, eine Selbstfürsorge-Routine zu etablieren, die Bewegung, ausgewogene Ernährung und ausreichend Schlaf beinhaltet. Diese grundlegenden Gesundheitsaspekte sind bei autistischen Menschen oft durch sensorische Herausforderungen beeinträchtigt, weshalb es besonders wichtig ist, sie mit maßgeschneiderten Strategien zu adressieren. Ich habe festgestellt, dass Gewichtheben mir hilft, mich mehr in meinem Körper zu fühlen. Ich hatte nie eine enge Verbindung zu meinem Körper, und je nach meiner mentalen Verfassung fühlte er sich oft wie ein Hindernis an. Wenn etwas gut funktioniert, neigen autistische Menschen dazu, es beizubehalten und in ihre Routine zu integrieren. Dies kann dazu führen, dass man mehrere Tage hintereinander das gleiche Gericht isst – was nicht die gesündeste Ernährungsweise ist. Wir neigen auch dazu, leicht in ungesunde Routinen zu verfallen, weshalb Selbstfürsorge in Bezug auf körperliche Bedürfnisse besondere Aufmerksamkeit erfordert. Je besser Sie Ihre Bedürfnisse organisieren, desto weniger müssen Sie über alltägliche Dinge nachdenken. Wenn Sie ein bestimmtes Gericht gerne essen, überlegen Sie sich zwei weitere, die Ihnen genauso gut schmecken, und wechseln Sie zwischen diesen drei Gerichten, um Mangelernährung zu vermeiden.

Mentale Selbstfürsorge, wie das Setzen von Grenzen, die Ausübung von Hobbys oder das bewusste Zulassen von Entspannungszeiten, ist ebenfalls wichtig. Kognitive Überlastung tritt bei Autismus häufig auf, daher ist es essenziell, regelmäßig den eigenen mentalen Zustand zu bewerten und zu erkennen, wann man einen Gang zurückschalten oder Unterstützung suchen sollte. Bei mir zeigt sich eine Überlastung des Nervensystems oft in Form von Tinnitus – es ist wie ein eingebautes Frühwarnsystem. Ich habe gelernt, diese Anzeichen ernst zu nehmen und entsprechend darauf zu reagieren. Ein Beispiel: Ich habe heute den ganzen Tag an diesem Buch geschrieben. Jetzt merke ich, dass ich Tinnitus habe, also werde ich den Computer zur Seite

legen und erst in ein paar Tagen wieder mit dem Schreiben fort-
fahren.

Umgang mit sensorischen Empfindlichkeiten

Sensorische Empfindlichkeiten sind ein zentrales Merkmal
der autistischen Erfahrung und können alltägliche Umgebungen
oft überwältigend machen. Der Umgang mit diesen Empfindlichkeiten geht über das bloße Vermeiden unangenehmer Reize
hinaus. Es geht darum, aktiv sensorisch sichere Räume zu schaffen, die sowohl Komfort als auch Funktionalität fördern. Dazu
kann es gehören, die Beleuchtung anzupassen, den Geräuschpe-
gel zu senken oder weiche, nicht einengende Kleidung zu wäh-
len.

Ein erster Schritt im Umgang mit sensorischen Empfindlichkeiten ist ein persönliches sensorisches Audit – das Erkennen
spezifischer Trigger sowie der Tageszeiten oder Umgebungen,
in denen diese besonders häufig auftreten. Danach können sensorische Hilfsmittel wie Fidget-Geräte, Sonnenbrillen oder spe-
zielle Kopfhörer in herausfordernden Situationen sofortige Erleichterung bieten.

Das Erstellen eines sensorischen Werkzeugkastens ist ebenfalls eine effektive Strategie. Dieser Werkzeugkasten kann Ge-
genstände wie beruhigende Düfte, strukturierte Stoffe oder
kleine Objekte enthalten, die diskret manipuliert werden können. Diese Werkzeuge können täglich mitgeführt und verwendet
werden, wenn sensorische Überlastung droht. Ein Beispiel: Das
Mitführen von Gehörschutz kann helfen, mit lauten Umgebungen umzugehen, während ein kleines Fläschchen Duftöl in überwältigenden Situationen Trost spenden kann.

Ein Beispiel aus meiner eigenen Erfahrung: Während ich hier sitze und an diesem Buch schreibe, höre ich ein Flugzeug über mir und den Ofen eines Nachbarn, der ein Piepsgeräusch von sich gibt. Obwohl beide Geräusche weit entfernt sind, empfinde ich sie als gleich laut und ablenkend. Was als ruhiger Sonntagmorgen begann, hat sich nun in das geschäftige Treiben der aufwachenden westlichen Zivilisation verwandelt. Wenn ich weiterschreiben will, muss ich meine geräuschunterdrückenden Kopfhörer aufsetzen.

Für mich sind geräuschunterdrückende Kopfhörer ein Muss. Ich trage sie etwa die Hälfte meiner wachen Zeit, vor allem draußen. Ebenso verlasse ich mich auf Sonnenbrillen und trage oft eine Mütze. Diese Accessoires haben nicht nur ihre offensichtlichen Zwecke, sondern bieten mir auch Komfort und ein Gefühl von Schutz. Ohne sie fühle ich mich verletzlich, wie ein rohes Ei ohne Schale.

Ein sensorisch freundlicher Lebensraum ist ebenfalls entscheidend. Das Zuhause sollte ein Rückzugsort sein – eine Umgebung, die Entspannung und Erholung unterstützt. Dies kann bedeuten, Unordnung zu beseitigen, um visuelle Ablenkungen zu reduzieren, Verdunkelungsvorhänge zu verwenden, um grelles Licht auszublenden, oder eine ruhige Ecke mit weichen Texturen und beruhigenden Farben einzurichten. Diese kleinen Anpassungen können einen großen Einfluss auf die sensorische Regulierung und die Lebensqualität insgesamt haben. Ich persönlich bevorzuge natürliches Licht gegenüber künstlicher Beleuchtung und vermeide es, Licht einzuschalten – selbst im Winter –, außer wenn ich bestimmte Aufgaben wie Kochen oder Lesen erledige.

Soziale Fertigkeiten und Beziehungen

Das Navigieren sozialer Situationen erfordert oft Vorbereitung: Freundschaften werden am besten durch gemeinsame Interessen aufgebaut, und das Respektieren von Grenzen sowie das Einholen von Einverständnis trägt zu gesünderen und erfüllenderen sozialen Verbindungen bei. Indem autistische Menschen ihren einzigartigen Kommunikationsstil annehmen und sichere, unterstützende Umgebungen kultivieren, können sie bedeutungsvolle Beziehungen aufbauen, die ihre Perspektive respektieren. Das Ziel ist nicht, sich an neurotypische soziale Normen anzupassen, sondern neu zu definieren, was sozialer Erfolg aus der Sicht der Zero-Person-Perspektive bedeutet – der Fokus liegt dabei auf echten Verbindungen, die eher sinn- als egozentriert sind.

Umgang mit sozialen Situationen

Soziale Interaktionen sind für autistische Menschen oft besonders herausfordernd, vor allem aufgrund von Schwierigkeiten beim Erkennen sozialer Hinweise, beim Verstehen unausgesprochener Regeln und beim gleichzeitigen Bewältigen sensorischer Empfindlichkeiten. Die Zero-Person-Perspektive in sozialen Situationen anzunehmen, bedeutet paradoxerweise, genau zu wissen, wer man ist und was man benötigt, um sinnvoll teilzuhaben.

Ein wirksamer Ansatz besteht darin, sich im Voraus auf soziale Interaktionen vorzubereiten. Dazu kann gehören, sich mit der Umgebung vertraut zu machen, Gesprächsthemen zu planen oder potenzielle soziale Szenarien mental zu üben. Für neurotypische Menschen mag dies übertrieben erscheinen, doch die

Annahme der Zero-Person-Perspektive bedeutet, unsere Defizite anzuerkennen und gezielt Werkzeuge zu entwickeln, die uns helfen, Brücken zu schlagen. Wir sollten nicht isolierte Leben führen müssen, nur weil uns bestimmte Fähigkeiten nicht von Natur aus leichtfallen.

Das Verstehen und Setzen von Grenzen ist ein weiterer wesentlicher Aspekt beim Navigieren durch soziale Situationen. Autistische Menschen fühlen sich möglicherweise oft unter Druck gesetzt, sich an soziale Erwartungen anzupassen, die für sie unangenehm oder überwältigend sind. Dies führt häufig dazu, dass sie maskieren.[5] Das Maskieren umfasst eine Vielzahl von Strategien, wie das Nachahmen von Gesichtsausdrücken, Tonfall oder Körpersprache neurotypischer Menschen, das Unterdrücken autistischer Verhaltensweisen wie Stimming (wiederholende Bewegungen oder Geräusche) und das Erzwingen von Augenkontakt. Während das Maskieren autistischen Menschen helfen kann, sich anzupassen, geschieht dies oft zu erheblichen emotionalen und psychischen Kosten. Es kann zu Erschöpfung, Angstzuständen, Depressionen und einem Gefühl der Nicht-authentizität führen, da die Person ständig daran arbeitet, ihr wahres Selbst zu verbergen (Hull et al., 2017). Maskieren ist besonders verbreitet bei autistischen Frauen und Mädchen, die im Vergleich zu Männern oft unterdiagnostiziert werden und stärker unter sozialem Druck stehen, sich an Geschlechtererwartungen anzupassen (Lai et al., 2017).

Zu lernen, Einladungen höflich abzulehnen, wenn man sich ängstlich fühlt, oder sich zurückzuziehen, wenn man überstimu-

---

[5] Maskieren bezieht sich auf die Praxis, autistische Merkmale zu tarnen oder zu verbergen, um sich anzupassen. Dieses Verhalten wird von autistischen Menschen häufig übernommen, um zu vermeiden, beurteilt, missverstanden oder ausgegrenzt zu werden.

liert ist, trägt ebenfalls zum Erhalt des Gleichgewichts bei. Ein eingeübter Satz wie „Ich muss kurz nach draußen gehen" kann eine schnelle Ausstiegsstrategie bieten, wenn soziale Situationen zu intensiv werden.

Ein weiterer wesentlicher Aspekt beim Navigieren durch soziale Umgebungen ist das Identifizieren sicherer und unterstützender Personen. Sich mit Menschen zu verbinden, die den eigenen Kommunikationsstil respektieren und die Bedürfnisse verstehen, kann zu positiven sozialen Erfahrungen führen. Es ist hilfreich, persönliche Bedürfnisse klar zu kommunizieren – Freunde über sensorische Empfindlichkeiten oder Vorlieben für ruhigere Umgebungen zu informieren, kann soziale Interaktionen erheblich verbessern. Ich erinnere mich beispielsweise an ein Abendessen, bei dem ich Kopfhörer getragen habe, um die Umgebungsgeräusche auszublenden und trotzdem an der Unterhaltung teilzunehmen. Meine Freunde haben das verstanden, und der Abend war für alle Beteiligten, einschließlich mir, eine angenehme Erfahrung. Je mehr wir über sensorische Empfindlichkeiten sprechen und Bewusstsein für unsere kognitiven Unterschiede schaffen, desto größer sind die Chancen, dass neurotypische Menschen auf uns zugehen.

Aufbau und Pflege von Freundschaften

Freundschaften aufzubauen ist eine lohnende, aber für autistische Menschen oft belastende Aufgabe. Im Gegensatz zum neurotypischen Fokus auf spontane, unstrukturierte Geselligkeit profitieren autistische Menschen oft von einem strukturierteren Ansatz, um Beziehungen zu knüpfen und zu pflegen. Gemeinsame Interessen, vorhersehbare Routinen und klare Kommunikation können dabei die Grundlage für bedeutsame und dauerhafte Freundschaften bilden. Wenn ich auf meine Kindheit und Jugend zurückblicke, hatte ich eine einzige enge Freundin, die im selben Wohnhaus lebte und mir wie eine Schwester war. Damals wusste ich nicht, dass ich autistisch bin, aber ich bestand oft darauf, zu Hause zu bleiben oder vertrauten Aktivitäten nachzugehen. Für meine Freundin musste das langweilig gewesen sein, doch wir fanden oft Kompromisse. Das Wort „Kompromiss" war ein fester Bestandteil unseres Vokabulars.

Eine wirksame Strategie, um Freundschaften aufzubauen, ist die Suche nach sozialen Gruppen oder Vereinen, die sich auf spezifische Interessen konzentrieren. Ob es ein Buchclub, eine Spiele-Community oder eine lokale Hobbygruppe ist – diese Umgebungen bieten einen natürlichen Kontext für soziale Interaktionen, wodurch der Small-Talk reduziert wird und Verbindungen auf der Basis gemeinsamer Interessen entstehen können. Auch Online-Communities können wertvoll sein, da sie eine weniger stressige Umgebung bieten, um Menschen kennenzulernen und Beziehungen aufzubauen, ohne die sensorischen Herausforderungen persönlicher Begegnungen. Für mich persönlich sind Gruppensettings weniger geeignet. Im Laufe der Jahre habe ich verschiedene Interessengruppen ausprobiert, doch nach einigen gescheiterten Versuchen kehrte ich meist zu Aktivitäten zurück, die ich allein ausüben konnte. Ich bevorzuge Eins-zu-Eins-Kontakte, etwa gemeinsame Spaziergänge oder bedeutungsvolle Gespräche.

Das Pflegen von Freundschaften erfordert Mühe und Beständigkeit, muss jedoch nicht überwältigend sein. Für autistische Menschen ist klare Kommunikation entscheidend: Dankbarkeit auszudrücken, Missverständnisse zu klären und Erwartungen offen anzusprechen, kann häufige Stolpersteine in Freundschaften vermeiden. Ich erinnere mich genau an den Tag, als eine meiner besten Freundinnen mich fragte, ob ich die Patin ihres Erstgeborenen werden möchte. Diese Anfrage war für mich überwältigend, da ich wusste, dass es mir schwerfallen würde, den typischen Erwartungen gerecht zu werden und eine enge Beziehung zu dem Kind aufzubauen. Bevor ich zusagte, stellte ich meiner Freundin im Grunde eine Wahl: Ich erklärte ihr, dass ich wahrscheinlich nicht den Standard einer gewöhnlichen Patentante erfüllen würde und dass ich lediglich die Bereitschaft versprechen könne, mein Bestes zu geben. Sie war damit einverstanden. Wir haben minimalen Kontakt, und ich vergesse regelmäßig das Geburtsdatum des Jungen, doch bisher läuft alles gut, und sie scheinen mit unserer Vereinbarung zufrieden zu sein.

Freundschaften müssen nicht immer den traditionellen Vorstellungen entsprechen, und das ist in Ordnung. Zu verstehen, dass es unterschiedliche Freundschaftsstile gibt – ob man hauptsächlich online in Kontakt bleibt, einen kleinen Kreis enger Freunde hat oder nur gelegentlich, aber in bedeutsamen Momenten Kontakt pflegt – kann den Druck reduzieren, sich an konventionelle soziale Erwartungen anzupassen. Das Ziel ist, Freundschaften zu pflegen, die sich erfüllend und nachhaltig anfühlen, anstatt sich selbst in unangenehme soziale Muster zu zwingen.

Grenzen, Einverständnis und Sicherheit

Grenzen zu verstehen, Abmachungen zu respektieren und persönliche Sicherheit zu gewährleisten, ist für alle, die Beziehungen navigieren, entscheidend, aber besonders wichtig für autistische Menschen, die möglicherweise Schwierigkeiten haben, soziale Hinweise zu interpretieren oder ihren persönlichen

Raum zu behaupten. Das Erlernen, Grenzen – sowohl die eigenen als auch die anderer – zu erkennen, zu kommunizieren und zu respektieren, kann soziale und zwischenmenschliche Erfahrungen erheblich verbessern. Meine eigenen Grenzen wurden in der Vergangenheit oft überschritten, und deshalb neige ich zu einem zurückgezogenen Lebensstil. Im Verlauf dieser schmerzlichen Erfahrungen habe ich jedoch gelernt, genau zu verstehen, wo meine Grenzen liegen. Heute kommuniziere ich diese klar und ohne Scham, und habe festgestellt, dass dies der einzige Weg ist, um nachhaltige Freundschaften zu schließen.

Das Setzen klarer Grenzen beginnt mit Selbstbewusstsein: Es bedeutet, zu wissen, wo die eigenen Grenzen liegen, zu verstehen, was Unbehagen verursacht, und die Anzeichen von sensorischer oder sozialer Überlastung zu erkennen. Dieses Selbstverständnis bildet die Grundlage dafür, Grenzen gegenüber anderen zu setzen und aufrechtzuerhalten. Beispielsweise zu wissen, wann man Zeit für sich braucht oder wann sich Berührungen wie Händeschütteln oder Umarmungen unangenehm anfühlen, ermöglicht es, diese Bedürfnisse effektiv zu kommunizieren.

Einwilligung ist ein kritischer Bestandteil aller Interaktionen, von informellen Begegnungen bis hin zu tiefen Beziehungen. Einwilligung zu verstehen und anzuwenden bedeutet, um Erlaubnis zu bitten, die erhaltenen Antworten zu respektieren und klar zu kommunizieren, wenn man das Gefühl hat, dass die eigenen Grenzen überschritten werden. Für mich fühlt sich die Frage „Darf ich dich berühren?" ganz normal an, während das für neurotypische Menschen möglicherweise seltsam oder ungewohnt wirken mag. Einwilligung bezieht sich jedoch nicht nur auf physische Interaktionen; sie gilt auch für emotionale und gesprächsbezogene Grenzen – etwa das Gefühl, unter Druck gesetzt zu werden, persönliche Informationen preiszugeben oder an unangenehmen Diskussionen teilzunehmen.

Persönliche Sicherheit in sozialen Interaktionen umfasst das Bewusstsein für potenzielle Risiken und den Umgang damit. Dazu gehört, Warnsignale im Verhalten anderer zu erkennen, wie Manipulation oder Nötigung, und einen Plan zu haben, um sich aus unangenehmen Situationen zu befreien. Für autistische Menschen, die Schwierigkeiten haben, diese subtilen Hinweise zu erkennen, kann eine explizite Schulung im Erkennen und Reagieren auf solche Signale besonders wertvoll sein.

Der Aufbau eines Unterstützungsnetzwerks – aus vertrauenswürdigen Freunden, Mentoren oder Selbsthilfegruppen – kann in schwierigen Situationen als Puffer dienen. Diese Verbündeten können Ratschläge geben, sich für die eigenen Bedürfnisse einsetzen oder einfach einen sicheren Raum bieten, um nach herausfordernden sozialen Begegnungen zur Ruhe zu kommen. Das Erlernen der Navigation durch die Komplexität sozialer Interaktionen, während man persönliche Sicherheit und Wohlbefinden wahrt, ist ein fortlaufender Prozess. Doch mit Übung und einem starken Selbstbewusstsein wird es immer einfacher.

Arbeits- und Beschäftigungsfähigkeiten

Dieses Kapitel soll praktische Einblicke und Strategien zur Entwicklung wichtiger Arbeits- und Beschäftigungsfähigkeiten bieten. Der Fokus liegt dabei auf drei zentralen Aspekten: der Aufmerksamkeit für Details, dem Balanceakt authentisch zu sein, ohne zu übertreiben, und dem Verständnis, wie Authentizität beruflichen Erfolg fördern kann. Unter Einbeziehung von Selbstmanagement-Strategien und praktischen Tipps, sowohl aus neurotypischer als auch neurodivergenter Perspektive, wird dieses Kapitel umsetzbare Anleitungen liefern, um die Effektivität am Arbeitsplatz sowie die zwischenmenschlichen Fähigkeiten zu verbessern.

Details sind wichtig

Aufmerksamkeit für Details ist eine essenzielle Fähigkeit am Arbeitsplatz, die sowohl die Kommunikation als auch die Aufgabenbewältigung maßgeblich beeinflusst. Die folgenden praktischen Strategien helfen dabei, ein produktives Arbeitsumfeld zu schaffen und das Risiko von Missverständnissen zwischen neurotypischen und neurodiversen Mitarbeitenden zu minimieren:

1. **Strukturierte Kommunikation**: Beim Verfassen von E-Mails oder der Teilnahme an Besprechungen kann eine klare Struktur helfen, Missverständnisse zu vermeiden und sicherzustellen, dass Ihre Botschaft gut verstanden wird. Zum Beispiel kann eine freundliche Eröffnung wie „Hallo [Name], ich hoffe, es geht dir gut" zu Beginn einer E-Mail einen positiven Ton setzen und Ihre Kommunikation persönlicher gestalten.

2. **Besprechungsvorbereitung**: Nutzen Sie standardisierte Agenden, die den Zweck, die Themen, die erwarteten Ergebnisse und die Reihenfolge der Redner festlegen. Diese Struktur hilft nicht nur dabei, Erwartungen zu klären, sondern ermöglicht es auch allen Teilnehmern, einschließlich neurodivergenter Personen, sich aktiver einzubringen.

3. **Aktives Zuhören und Engagement**: Um den Fokus zu behalten und Aufmerksamkeit während Gesprächen

zu zeigen, verwenden Sie aktive Zuhörsignale wie Nicken und verbale Bestätigungen wie „Ich verstehe" oder „Das klingt interessant". Dieser Ansatz kann dazu beitragen, das Gespräch flüssig zu halten, selbst wenn Augenkontakt schwerfällt.

4. **Zusammenfassungstechniken**: Um Ihr Publikum nicht zu überfordern, nutzen Sie die BLUF-Methode (Bottom Line Up Front). Beginnen Sie mit Ihrem Hauptpunkt und fügen Sie unterstützende Details nur bei Bedarf hinzu. Diese Strategie sorgt dafür, dass Ihre Kommunikation prägnant und effektiv bleibt, was besonders in schnelllebigen Arbeitsumgebungen von Bedeutung ist.

Jemand sein, ohne es zu versuchen

Dieser Abschnitt zeigt, wie man effektiv und präsent sein kann, ohne sich zu überanstrengen oder gezwungen zu wirken. Der Fokus liegt auf subtilen, achtsamen Verhaltensweisen, die sich auf natürliche Weise in den eigenen Arbeitsstil integrieren lassen:

1. **Gespräche mühelos initiieren**: Für diejenigen, die Smalltalk als Herausforderung empfinden, kann das Vorbereiten von ein oder zwei leichten Gesprächseröffnern das Einleiten von Meetings oder Interaktionen erleichtern. Fragen wie „Wie war dein Wochenende?" oder Kommentare zu aktuellen Ereignissen können eine entspannte Atmosphäre schaffen und dazu beitragen, dass sich andere wahrgenommen und wohlfühlen.

2. **Umgang mit Unterbrechungen und Pausen**: Anstatt Gespräche zu unterbrechen oder abrupt das Thema zu wechseln, was als unhöflich wahrgenommen werden könnte, verwenden Sie höfliche Formulierungen wie „Darf ich hier etwas hinzufügen?" Dies zeigt Respekt für den Gesprächsverlauf und ermöglicht Ihnen gleichzeitig, effektiv beizutragen.

3. **Anpassungsfähigkeit in unklaren Situationen**: Wenn Sie mit vagen Situationen oder unklaren Erwartungen konfrontiert sind, handeln Sie proaktiv und suchen Sie nach Klarheit. Fragen wie „Könntest du ein Beispiel geben, was du genau meinst?" oder das Zusammenfassen der Anweisungen können dabei helfen, ein gemeinsames Verständnis zu erreichen und Missverständnisse zu vermeiden.

4. **Ausgewogenes Beitragen**: In Teammeetings, insbesondere wenn Diskussionen schnell verlaufen, kann es für neurodivergente Mitarbeiter schwierig sein, den passenden Moment für eigene Beiträge zu finden. Strukturierte Ansätze wie ein Rundum-Austausch oder die Unterstützung durch einen Moderator können sicherstellen, dass jeder die Möglichkeit hat, zu sprechen, und gleichzeitig den Druck mindern, das Gespräch unterbrechen oder zur falschen Zeit etwas sagen zu müssen.

Authentizität zahlt sich aus

Authentisch zu sein – also den eigenen Werten, dem persönlichen Kommunikationsstil und den beruflichen Stärken treu zu bleiben – zahlt sich am Arbeitsplatz aus. Authentizität fördert Vertrauen, baut stärkere Verbindungen auf und steigert die persönliche Zufriedenheit. Schauen wir uns einige Maßnahmen an, die Authentizität am Arbeitsplatz unterstützen:

1. **Klare und direkte Rückmeldungen**: Klare, positiv formulierte Rückmeldungen, die sich auf spezifische Verhaltensweisen und nicht auf allgemeine Eigenschaften konzentrieren, tragen dazu bei, Authentizität in beruflichen Interaktionen aufrechtzuerhalten. Strukturierte Feedback-Formulare, die Erfolge, Verbesserungsbereiche und umsetzbare Schritte aufzeigen, sind besonders vorteilhaft für neurodivergente Mitarbeitende, die klare und direkte Kommunikation bevorzugen.

2. **Selbstbewusstsein bei Reaktionen**: Das Üben einer "Pause-und-Denken"-Herangehensweise, insbesondere in emotional aufgeladenen Situationen, kann helfen, Authentizität zu wahren und reaktive oder unaufrichtige Antworten zu vermeiden. Einfache Sätze wie „Lass mich kurz darüber nachdenken" geben Ihnen den nötigen Raum, um überlegte Antworten zu formulieren.

3. **Schaffung eines förderlichen Arbeitsumfelds**: Authentizität betrifft nicht nur das persönliche Verhalten; es geht auch darum, ein Umfeld zu schaffen, in dem sich jeder psychologisch sicher fühlt. Dazu gehören sensorische Anpassungen, die Verwendung visueller Hilfsmittel in Besprechungen und das Respektieren unterschiedlicher Kommunikationspräferenzen. Indem Sie individuelle Bedürfnisse anerkennen, schaffen Sie einen unterstützenden Raum, der authentische Interaktionen ermöglicht.

4. **Nutzung persönlicher Stärken**: Erkennen Sie, dass Authentizität nicht Perfektion bedeutet; vielmehr geht es

darum, Ihre einzigartigen Stärken zu nutzen. Verwenden Sie Werkzeuge wie Entscheidungs-Matrizen oder Techniken zur Aufgabenpriorisierung, um Ihrem kognitiven Stil gerecht zu werden – sei es durch tiefen Fokus, analytisches Denken oder kreatives Problemlösen. Authentizität bedeutet hier, Ihre Leistung zu optimieren, indem Sie Ihre Arbeitsmethoden so anpassen, dass sie Ihrem natürlichen Stil entsprechen.

Selbstfürsorge und Empowerment

Selbstfürsorge und Empowerment bedeuten mehr, als nur die eigenen Bedürfnisse durchzusetzen; sie bedeuten auch, die eigene Stimme zu nutzen, um eine Welt zu schaffen, die autistische Perspektiven respektiert. Zu verstehen, was man braucht, und dies klar zu kommunizieren, aktiv an der Lösung mitzuwirken und durch Wissen und Handeln Selbstermächtigung zu erreichen, sind alles Schritte auf dem Weg zu einer inklusiveren und gerechteren Welt. Indem Sie für sich selbst und andere eintreten, verbessern Sie nicht nur Ihre eigene Lebensqualität, sondern tragen auch zu einer breiteren Bewegung bei, die Neurodiversität anerkennt und wertschätzt. Die Zero-Person-Perspektive bietet einen einzigartigen Blickwinkel, indem sie zeigt, dass Selbstfürsorge nicht nur das eigene Wohl betrifft, sondern auch das Schaffen psychologisch sicherer Räume, in denen jeder gedeihen kann.

Eigene Bedürfnisse verstehen und ausdrücken

Für autistische Menschen ist das Erkennen und Ausdrücken persönlicher Bedürfnisse ein wesentlicher Bestandteil der Selbstfürsorge. Im Gegensatz zu neurotypischen Menschen, die oft ein starkes Selbstbewusstsein besitzen und es gegen soziale Normen und gesellschaftliche Erwartungen abwägen, müssen autistische Menschen häufig aktiv ihre Vorlieben, Grenzen und Bedürfnisse identifizieren und ausdrücken. Dieser Prozess erfordert Selbstreflexion, das Wahrnehmen sensorischer, emotionaler und kognitiver Bedürfnisse sowie die Suche nach wirksamen Möglichkeiten, diese anderen mitzuteilen. Eine einfache Frage wie „Hey, wie fühlst du dich?" ist für jemanden im Autismus-Spektrum nicht leicht zu beantworten. Wir nehmen diese Frage wörtlich und möchten eine ehrliche Antwort geben. Wenn es Ihnen ähnlich geht wie mir, werden Sie einen Moment brauchen, um wirklich herauszufinden, wie Sie sich fühlen. Diese Verzögerung mag unangenehm sein, doch sie ist notwendig.

Der erste Schritt der Selbstfürsorge ist das Selbstbewusstsein – eine Herausforderung, die für Menschen im Autismus-Spektrum besonders groß ist. Sie können damit beginnen, sich die folgenden Fragen zu stellen: Welche Situationen sind angenehm, welche unangenehm? Was löst sensorische Überlastung, Angst oder Stress aus? Und umgekehrt: Welche Aktivitäten oder Umgebungen helfen Ihnen, ruhig, fokussiert oder engagiert zu bleiben? Ein Tagebuch zu führen, kann dabei helfen, ein klareres Bild Ihrer individuellen Bedürfnisse zu entwickeln.

Sobald Sie Ihre Bedürfnisse identifiziert haben, besteht der nächste Schritt darin, diese klar und selbstbewusst auszudrücken. Das könnte bedeuten, dass Sie bestimmte Phrasen oder Sätze üben, die in verschiedenen Situationen verwendet werden können. Zum Beispiel: „Ich brauche etwas Ruhe, um mich zu erholen," oder „Ich bevorzuge schriftliche Anweisungen." Diese Aussagen können Ihnen dabei helfen, Ihre Bedürfnisse effektiv zu kommunizieren. Für Menschen, die mit der verbalen Kommunikation Schwierigkeiten haben, können alternative Methoden, wie das Schreiben von Notizen, die Verwendung von Kommunikations-Apps oder visuelle Hilfsmittel, wertvolle Werkzeuge sein. Ich persönlich finde es hilfreich, Protokolle zu erstellen, insbesondere am Arbeitsplatz. Zum Beispiel könnte ein Arbeitgeber zustimmen, bestimmte Codes für hybride Meetings zu verwenden: Wenn ein autistischer Mitarbeiter während eines Meetings eine sensorische Überlastung bemerkt und sofort den virtuellen Raum verlassen möchte, könnte er oder sie ein vereinbartes Signal in den Chat setzen, ohne weitere Erklärungen abgeben zu müssen. Solche Maßnahmen sollten idealerweise zwischen einer Selbsthilfegruppe und Vertretern der Personalabteilung ausgehandelt werden, damit sie unternehmensweit kommuniziert und akzeptiert werden.

Bedürfnisse auszudrücken, bedeutet nicht, einfach Forderungen zu stellen; es geht vielmehr darum, einen konstruktiven Dialog zu führen, der andere über Ihre einzigartige Art, mit der Welt zu interagieren, aufklärt. Es ist hilfreich, Anfragen positiv zu formulieren und zu betonen, wie das Eingehen auf Ihre Bedürfnisse die Interaktion oder das Ergebnis für alle Beteiligten verbessern kann. Anstatt zum Beispiel zu sagen: „Ich kann laute Geräusche nicht ausstehen," könnten Sie sagen: „Ich arbeite am besten in ruhigeren Umgebungen, in denen ich mich konzentrieren kann." Dieser Ansatz fördert das gegenseitige Verständnis und hilft anderen, die praktischen Vorteile zu erkennen, wenn sie Ihre Bedürfnisse berücksichtigen.

Teil der Lösung werden

Selbstfürsorge bedeutet auch, sich für umfassendere Veränderungen einzusetzen und zu einer inklusiveren Gesellschaft beizutragen. Autistische Menschen haben möglicherweise Schwierigkeiten, sich zu äußern, aber es ist entscheidend, persönliche Erfahrungen zu teilen, damit Systeme und Umgebungen für Menschen mit ähnlichen Bedürfnissen zugänglicher werden. Teil der Lösung zu sein bedeutet, die eigene Stimme, Fähigkeiten und Erfahrungen einzusetzen, um Veränderungen zu bewirken – sei es in der lokalen Gemeinschaft, am Arbeitsplatz oder auf größeren Plattformen.

Eine Möglichkeit, sich zu engagieren, besteht darin, aktiv für Veränderungen einzutreten, beispielsweise durch die Teilnahme an Selbsthilfegruppen, öffentliches Reden oder das Schreiben über eigene Erlebnisse. Das Teilen persönlicher Geschichten kann dazu beitragen, Autismus besser zu verstehen und Missverständnisse auszuräumen. Meine bisherigen Erfahrungen waren durchweg positiv. So habe ich den Autism Awareness Day genutzt, um in einem Firmenforum über Autismus und meine eigene Situation zu berichten. Meine Kollegen schätzten diesen Einblick sehr, einige teilten sogar ihre eigenen Erfahrungen. Dies bot auch die Gelegenheit, praktische Lösungen vorzuschlagen, um die Zugänglichkeit und das Verständnis in Bereichen wie Weiterbildung und Mental Health zu verbessern. Aus diesem ersten Beitrag entstand eine Blog-Serie über Neurodiversität, die von meinem Arbeitgeber organisiert wurde.

Selbsthilfe kann auch in Zusammenarbeit stattfinden. Die Zusammenarbeit mit Verbündeten – Familienmitgliedern, Freunden, Fachleuten oder anderen autistischen Menschen – kann die eigene Stimme verstärken und eine größere Wirkung erzielen.

Zahlreiche neurodivergente Kollegen haben mich persönlich kontaktiert, um Rat zu suchen, etwa: „Ich hatte eine Woche lang Tinnitus. Sollte ich es meinem Vorgesetzten sagen? Wird er Verständnis haben?" oder „Ich habe kürzlich zu viele Projekte angenommen und stehe nun vor einer Sackgasse. Was soll ich tun?" Solche Erfahrungen führten mich dazu, eine Mitarbeitergruppe für Neurodiversität zu gründen. Strategien wie Online-Communitys, Selbsthilfegruppen und Bildungsinitiativen können autistischen Menschen helfen, eine positive Autismus-Identität zu entwickeln und ihre psychische Gesundheit zu stärken (Cooper et al., 2017). Ob es darum geht, einem Kollegen zu helfen, an politischen Diskussionen teilzunehmen, autismusfreundliche Räume zu schaffen oder an der Erstellung von Bildungsressourcen mitzuwirken – es gibt unzählige Möglichkeiten, sich zu engagieren.

Selbsthilfe bedeutet auch, sich für andere innerhalb der autistischen Gemeinschaft einzusetzen. Anderen zu helfen, ihre Stimme zu finden, jüngere Menschen im Spektrum zu mentorieren oder einfach Unterstützung für diejenigen zu bieten, die Schwierigkeiten haben, kann sehr erfüllend sein. Selbsthilfe geht nicht nur darum, die Welt zu verändern, sondern auch darum, eine Gemeinschaft aufzubauen, die unterschiedliche Lebensweisen versteht und schätzt.

Wissenschaft und Forschung

Empowerment beginnt mit Wissen. Das Verständnis ihrer Diagnose, ihrer Rechte, der Zugang zu Ressourcen und das ständige Informieren über aktuelle Entwicklungen im Bereich Autismus bilden die Grundlage für eine resiliente Selbsthilfe. Zu wissen, dass sie das Recht auf angemessene Anpassungen haben oder dass sensorische Empfindlichkeiten als anerkannter Aspekt des Autismus gelten, kann sie darin bestärken, die Unterstützung zu suchen, die sie brauchen.

Sich selbst zu bilden, bedeutet auch, die Arbeit anderer autistischer Fürsprecher und Denker kennenzulernen. Aus den Erfahrungen anderer zu lernen kann neue Strategien, Bestätigung und ein Gefühl der Zugehörigkeit zur breiteren autistischen Gemeinschaft vermitteln. Ressourcen wie Bücher, Blogs, Podcasts und Social-Media-Plattformen, die sich autistischen Stimmen widmen, bieten wertvolle Einblicke und Inspiration.

Handeln ist der nächste Schritt im Empowerment. Dies kann so einfach sein wie das Setzen persönlicher Ziele, die mit ihren Werten übereinstimmen – zum Beispiel das Erlernen neuer Fähigkeiten, das Verfolgen einer Ausbildung oder das Arbeiten in einem Bereich, der sie begeistert. Es könnte auch bedeuten, sich aktiv an Kampagnen zu beteiligen, Online-Aktivismus zu betreiben oder ehrenamtlich in der Gemeinschaft tätig zu werden. Empowerment bedeutet zu erkennen, dass ihre Stimme zählt und dass ihre Beiträge die Welt um sie herum positiv beeinflussen können.

Eine weitere Form des Empowerments ist Selbstmitgefühl – anzuerkennen, dass Rückschläge Teil des Weges sind und ihren Wert oder ihre Fähigkeiten nicht schmälern. Der Prozess, für sich selbst und andere einzutreten, kann herausfordernd sein. Deshalb ist es wichtig, die eigenen Bemühungen wertzuschätzen, kleine Erfolge zu feiern und geduldig mit den Höhen und Tiefen dieses Prozesses umzugehen.

Empowerment bedeutet auch, schädliche Stereotypen abzulehnen und Erfolg nach ihren eigenen Maßstäben neu zu definieren. Traditionelle Erfolgskriterien, wie hochbezahlte Jobs oder gesellschaftliche Anerkennung, stimmen nicht immer mit den Werten und Zielen autistischer Menschen überein. Für viele ist psychologische Sicherheit wesentlich wichtiger. Empowerment bedeutet, ihre einzigartigen Stärken zu nutzen, das zu verfolgen, was ihnen Erfüllung bringt, und ein Leben zu schaffen, das ihre persönlichen Bedürfnisse und Bestrebungen wertschätzt.

Auf dem Weg zu einem integrativeren Ansatz in der Autismus Forschung

Das Wachstum der autistischen Selbsthilfe und der Neurodiversitätsbewegung hat neue ethische, theoretische und ideologische Debatten innerhalb der Autismusforschung angestoßen. Diese Diskussionen betonen die Notwendigkeit, autistische Sichtweisen in Forschung und Praxis zu respektieren und zu integrieren, und verdeutlichen, dass traditionelle neurotypische Perspektiven die kognitiven Erfahrungen autistischer Menschen nicht vollständig erfassen können.

Autistische Stimmen in der Forschung anerkennen

In den letzten Jahren hat sich in der akademischen Gemeinschaft ein bedeutender Wandel vollzogen, der den Wert persönlicher Erzählungen autistischer Menschen als wesentliche Daten anerkennt. Forscher wie Gillespie-Lynch et al. (2017) und Kapp et al. (2013) haben die Bedeutung der Einbeziehung autistischer Stimmen in die Forschung betont, um Stigmatisierung zu verringern und die Validität der Ergebnisse zu verbessern. Partizipative Forschungsmethoden, bei denen autistische Menschen aktiv an der Gestaltung, Durchführung und Analyse von Studien beteiligt sind, werden zunehmend als Ansatz anerkannt, der genauere und relevantere Ergebnisse liefert. Diese Methoden respektieren die Autonomie und das Fachwissen autistischer Menschen, indem sie sie als gleichwertige Mitwirkende und nicht als passive Subjekte betrachten. Studien haben gezeigt, dass autistische Erwachsene, insbesondere jene mit einem hohen Maß an Selbstbewusstsein, genaue und nuancierte Reflexionen über ihre kognitiven Erfahrungen bieten können, die von unschätzbarem Wert für die Entwicklung präziserer Modelle autistischer Kognition sind. Dies ist Teil einer breiteren Bewegung innerhalb der kritischen Autismusstudien, die sich für die Einbeziehung autistischer Menschen als Mitforscher oder primäre Informanten einsetzt (Davidson & Orsini, 2013; Arnaud, 2023).

Anekdotische Evidenz als Ausgangspunkt für die Hypothesenbildung

Anekdotische Evidenz und persönliche Reflexionen können als wichtiger Ausgangspunkt für die Generierung von Hypothesen dienen, insbesondere in wenig erforschten Bereichen wie der Zero-Person-Kognition. Indem persönliche Erfahrungen offengelegt und Lücken in der empirischen Validierung identifiziert werden, entsteht eine wesentliche Grundlage für künftige wissenschaftliche Untersuchungen.

Die Nutzung persönlicher Berichte steht im Einklang mit qualitativen Forschungsmethoden, die in den Sozialwissenschaften und der Psychologie weithin anerkannt sind, da sie komplexe, subjektive Phänomene erfassen können, die durch quantitative Messungen möglicherweise übersehen werden. Methoden wie die Interpretative Phänomenologische Analyse (IPA) und die Narrative Inquiry betrachten persönliche Erfahrungen als legitime Beweise, die weitere Forschungen anleiten können (Larkin, Flowers & Smith, 2021).

Teil 3 – Philosophie

Kognitive Grenzen neu denken: Die Einführung der Zero-Person-Kognition in Philosophie und Ethik

Beim Erforschen der Grenzen kognitiver Vielfalt stellt das Konzept der Zero-Person-Kognition traditionelle philosophische und ethische Grundlagen infrage, die Selbstbewusstsein, Autonomie und individuelle Handlungsfähigkeit in den Vordergrund rücken. Auch wenn die Verbindungen zwischen der Zero-Person-Kognition und Bereichen wie Philosophie und Ethik noch spekulativ sind, müssen wir deren Bedeutung und Auswirkungen weiter untersuchen. Das Ziel dieses Buches ist es nicht, vollständig entwickelte, evidenzbasierte Theorien zu präsentieren, sondern Interesse zu wecken und künftige Forschung zu fördern, die unser Verständnis von Kognition, insbesondere im Kontext der Neurodiversität, erweitern könnte.

Während wir die kognitive Vielfalt neu denken, ist es wichtig, die ethischen Implikationen zu betonen, insbesondere wenn die Zero-Person-Kognition herkömmliche Vorstellungen von Selbstbewusstsein und Autonomie infrage stellt. Dieser Ansatz könnte tiefgreifenden Einfluss darauf haben, wie die Gesellschaft autistische Menschen behandelt, unterstützt und integriert. Er betont die Notwendigkeit ethischer Überlegungen bei der Gestaltung von Richtlinien, Interventionen und Haltungen, die unterschiedliche kognitive Erfahrungen respektieren und wertschätzen.

Philosophische und ethische Reflexionen über die Zero-Person-Kognition werfen praktische Fragen auf, die Aufmerksamkeit verdienen:

- Wie kann unser Verständnis der Zero-Person-Kognition die Gestaltung von unterstützenden Technologien oder Maßnahmen beeinflussen, welche auf autistische Menschen zugeschnitten sind?
- Was bedeutet es, autistische Kognition als eine gleichwertige Art und Weise, die Welt zu erleben, anzuerkennen – insbesondere im Hinblick auf Beschäftigung, Gesundheitsversorgung und soziale Inklusion?

Es ist mir ein Anliegen, Forscher in den Bereichen Philosophie, Ethik und künstliche Intelligenz dazu einladen, sich mit der Zero-Person-Kognition zu beschäftigen. Die Identifizierung von Forschungslücken eröffnet Möglichkeiten für Studien, die unser Verständnis von Bewusstsein, Autonomie und kognitiver Vielfalt neugestalten könnten. Potenzielle Forschungsfragen beinhalten:

- Wie könnte die Zero-Person-Kognition Konzepte von Bewusstsein und Selbst neu definieren?
- Welche neuen Herausforderungen entstehen, wenn traditionelle Vorstellungen von Autonomie durch Zero-Person-Modelle ersetzt werden?
- Wie können Erkenntnisse über die Zero-Person-Kognition die Entwicklung adaptiverer KI-Systeme leiten, die besser auf neurodiverse Bevölkerungsgruppen zugeschnitten sind?

Die Grenzen des Selbst: Ausweitung der Markov-Decke

Das Konzept der Markov-Decke, ursprünglich in der Bayesschen Wahrscheinlichkeitstheorie entwickelt, wurde in der Neurowissenschaft als Rahmenwerk neu interpretiert, um die Grenze zwischen einem kognitiven System und seiner Umgebung zu verstehen. Wie in Teil 1 besprochen, markiert eine Markov-Decke die internen Zustände eines Systems (wie des menschlichen Gehirns) und trennt diese von der äußeren Welt durch sensorische Reize und aktive Inferenz. Sie fungiert als kognitive Grenze, die reguliert, welche Einflüsse das System erreichen und wie das System darauf reagiert.

Traditionell diente dieses Konzept dazu, zu erklären, wie individuelle Gehirne Informationen verarbeiten. Neu aufkommende theoretische Perspektiven deuten jedoch darauf hin, dass diese kognitiven Grenzen über ein einzelnes Gehirn hinausreichen könnten, was herkömmliche Vorstellungen von Selbst und Handlungsfähigkeit infrage stellt.

Die Vorstellung, dass eine Markov-Decke über das individuelle Gehirn hinausgehen kann, eröffnet neue Möglichkeiten, um dezentrale Kognition, kollektive Handlungsfähigkeit und die fließenden Grenzen des Selbst besser zu verstehen. In diesem Kapitel untersuchen wir, wie diese Erweiterung unsere Konzepte von Selbst und kognitiver Handlungsfähigkeit neu definieren kann.

Auswirkungen auf Handlungsfähigkeit und Identität

Die Erweiterung der Markov-Decke hat tiefgreifende Auswirkungen darauf, wie wir Handlungsfähigkeit und Identität verstehen. Traditionell wird Handlungsfähigkeit als die Fähigkeit eines Individuums betrachtet, unabhängig zu handeln und Entscheidungen zu treffen. Wenn jedoch kognitive Grenzen über das Individuum hinausgehen, wird Handlungsfähigkeit zu einem geteilten oder verteilten Phänomen. Dies stellt die herkömmliche Sichtweise des autonomen Entscheidens infrage und legt eine relationale Auffassung nahe, wie Handlungen und Entscheidungen getroffen werden.

In einem verteilten kognitiven System ist die Handlungsfähigkeit nicht in einem einzelnen Individuum verankert, sondern stellt eine emergente Eigenschaft des gesamten Netzwerks dar (Hutchins, 2014). Bei kooperativen Aufgaben beispielsweise werden Entscheidungen oft durch die Interaktion mehrerer Akteure bestimmt, wobei jeder zur kollektiven kognitiven Steuerung beiträgt. Diese Form der geteilten Handlungsfähigkeit ist besonders relevant für das Verständnis der autistischen Kognition, bei der die Interaktionen mit der Umwelt, der Technologie und anderen Akteuren oft eine entscheidende Rolle bei der Gestaltung von Entscheidungsprozessen spielen.

Sherry Turkle (2011) untersucht, wie Technologie – einschließlich sozialer Medien, virtueller Umgebungen und anderer digitaler Plattformen – Erfahrungen erleichtert, bei denen Individuen das Gefühl haben, sich in Gruppenaktivitäten, gemeinsamen Zielen oder durch technologische Interaktionen zu verlieren. Sie erforscht, wie technologische Vermittlung persönliche Grenzen verwischen kann, was oft dazu führt, dass Menschen sich eher als Teil eines Kollektivs denn als eigenständige, autonome Akteure empfinden. Dieses Verwischen individueller Grenzen mindert nicht die persönliche Handlungsfähigkeit, sondern macht sie zu einem fließenderen, kontextabhängigen Phänomen.

Einsichten von Richard Watson in den evolutionären Konnektionismus deuten darauf hin, dass verteilte Kognition adaptiv sein kann, indem sie es Individuen ermöglicht, auf kollektive Intelligenz zuzugreifen und damit persönliche Begrenzungen zu überwinden (Watson et al., 2014). Watsons Forschung untersucht, wie kognitive Prozesse und Lernen aus Netzwerken interagierender Akteure entstehen können, was es Individuen ermöglicht, auf Informationen und Problemlösungsfähigkeiten zuzugreifen, die über ihre eigenen hinausgehen. In diesem Kontext wird Handlungsfähigkeit zu einer geteilten Ressource, die über Individuen und Systeme hinweg verteilt ist und die kognitive Resilienz und Anpassungsfähigkeit erhöht.

Die Erweiterung der Markov-Decke über individuelle Gehirne hinaus ist ein spekulatives und aufkommendes Konzept, das zu tiefergehender Forschung einlädt. Wenn kognitive Grenzen tatsächlich über Netzwerke hinweg erweitert werden können, würde dies die individualzentrierte Sicht auf Kognition und Handlungsfähigkeit infrage stellen. Stattdessen könnte das Selbst als ein Prozess verstanden werden, der seine Grenzen durch Interaktionen mit der Umwelt, anderen Akteuren und technologischen Erweiterungen ständig neu verhandelt.

Dezentrale Kognition und die Zero-Personen-Perspektive

Die Zero-Person-Perspektive betont eine Denkweise, die weniger ich-zentriert ist und stärker mit der unmittelbaren Umgebung verbunden ist. Diese Perspektive stimmt mit der Idee der dezentralen Kognition überein, bei der Handlungsfähigkeit und kognitive Prozesse über Systeme verteilt sind, anstatt auf ein einzelnes Individuum beschränkt zu sein. Der Übergang von einer zentralisierten zu einer dezentralen Sichtweise der Kognition hat tiefgreifende philosophische Implikationen, insbesondere im Kontext autistischer Denkweisen, bei denen die traditionellen Merkmale von Selbst und Handlungsfähigkeit oft von den neurotypischen Normen abweichen.

Dieses Kapitel untersucht, wie dezentrale Kognition sich bei autistischen Individuen manifestiert, die umfassenderen philosophischen Implikationen von Multi-Agenten-Systemen und die Rolle des enaktiven Geistes bei der Gestaltung eines flexiblen, kontextabhängigen Ansatzes zur Kognition. Im Folgenden werden wir untersuchen, wie diese Konzepte die herkömmlichen Vorstellungen von Handlungsfähigkeit und Selbst herausfordern.

Kontextabhängige Handlungsfähigkeit bei Autisten verstehen

Für autistische Individuen unterscheidet sich das Erleben von Handlungsfähigkeit oft von den traditionellen Vorstellungen, die auf einer kohärenten, selbstreferenziellen Identität basieren. Autistische Kognition priorisiert häufig unmittelbare sensorische Reize über soziale oder narrative Konstrukte des Selbst, wodurch die Grenzen zwischen dem Selbst und der Umgebung fließender werden. Dies kann zu einer Form von Handlungsfähigkeit führen, bei der Handlungen dynamisch durch Interaktionen mit der Umgebung geprägt sind, anstatt ausschließlich von internen, persönlichen Absichten gesteuert zu werden. Für autistische Menschen fühlt sich Handlungsfähigkeit möglicher-

weise weniger als eine zentralisierte, kohärente Selbststeuerung
an, sondern mehr wie ein adaptives Zusammenspiel zwischen
inneren Zuständen und äußeren Reizen. Diese kontextgetrie-
bene Handlungsfähigkeit ermöglicht eine einzigartige kognitive
Flexibilität, bei der Handlungen und Entscheidungen vom unmittelbaren Kontext geleitet werden, statt von einem festen
Selbstkonzept.

Die Implikationen dieser Form der Handlungsfähigkeit in autistischen Denkweisen stellen traditionelle Vorstellungen von
Autonomie und Selbst infrage. Ein solcher Ansatz kann auch
Stärken beinhalten, wie etwa eine erhöhte Aufmerksamkeit für
Details und die Fähigkeit, objektiv mit Informationen umzugehen. Gleichzeitig bringt er jedoch Herausforderungen in Kontexten mit sich, die soziale und selbstreferenzielle Kognition erfordern.

Der Enaktive Geist: Wo Kognition und Umwelt über-
lappen

Der enaktive Ansatz der Kognition, vertreten von Philosophen wie Francisco Varela und Shaun Gallagher, besagt, dass
Kognition aus der aktiven Auseinandersetzung eines Organismus mit seiner Umwelt entsteht (Varela, Thompson & Rosch,
1991). Dieses Modell steht im Gegensatz zu traditionellen Kog-
nitionstheorien, die den Geist als passiven Informationsverarbeiter betrachten. Stattdessen wird der enaktive Geist als ein ver-
körperter, situierter und dynamischer Prozess verstanden, der
durch die Interaktion mit der Welt geformt wird.

Philosophisch fordert uns der enaktive Geist dazu auf, die
Grenzen der Kognition und die Natur des Selbst neu zu denken.
In einem enaktiven Rahmenwerk ist das Selbst keine statische

Entität, sondern ein sich ständig entwickelnder Prozess, der durch die Interaktionen mit der Umwelt kontinuierlich geformt wird. Dies steht im Einklang mit den Erfahrungen vieler autistischer Menschen, deren Selbstverständnis oft weniger in einem persönlichen Narrativ verankert ist, sondern vielmehr mit der direkten, momentanen Auseinandersetzung mit ihrer Umwelt verbunden ist.

Das enaktive Modell betont zudem die Bedeutung des Körpers bei der Gestaltung kognitiver Prozesse. Für autistische Personen, deren sensorische Erfahrungen häufig eine zentrale Rolle in ihrer Kognition spielen, bietet der enaktive Ansatz eine Perspektive, die verdeutlicht, wie körperliche Interaktionen mit der Umwelt zu einer dezentralisierten Zero-Person-Perspektive beitragen. Dieser verkörperte Ansatz der Kognition hebt die enge Verflechtung von Geist, Körper und Umwelt hervor und bietet eine ganzheitlichere Sicht darauf, wie wir denken, handeln und die Realität erleben.

Philosophische Implikationen enaktiver Multiagentensysteme

Das Konzept enaktiver Multi-Agenten-Systeme, bei denen Kognition aus den dynamischen Interaktionen zwischen mehreren Agenten entsteht, hat tiefgreifende philosophische Implikationen für unser Verständnis von Geist und Selbst. In diesen Systemen ist Kognition nicht auf ein einzelnes Wesen beschränkt, sondern entsteht aus dem Netzwerk interagierender Komponenten – sei es menschlicher, künstlicher oder biologischer Natur.

Traditionell hat die westliche Philosophie das Selbst als eine kohärente, autonome Einheit mit klar definierten Grenzen und einer kontinuierlichen Identität verstanden. Die Vorstellung der verteilten Kognition stellt diese Sichtweise jedoch infrage, indem sie nahelegt, dass Handlungsfähigkeit und Identität keine intrinsischen Eigenschaften von Individuen sind, sondern emergente und kontextabhängige Eigenschaften größerer Systeme. In diesem Rahmen wird das Selbst als ein dynamisches Konstrukt gesehen, das sich durch Interaktionen und Beziehungen innerhalb eines Netzwerks formt, anstatt als feste, dauerhafte Essenz zu bestehen.

Diese Veränderung im Verständnis ermutigt uns, unsere Vorstellungen von persönlicher Autonomie, Kontinuität und Identität neu zu denken und anzuerkennen, dass das, was wir als "Selbst" betrachten, möglicherweise ein vorübergehendes, emergentes Phänomen ist, anstatt eine beständige, einheitliche Essenz zu sein. Diese Perspektive passt zu aktuellen Debatten in der Kognitionswissenschaft und Philosophie, die die Grenzen zwischen individuellen und kollektiven Geistern hinterfragen und neu definieren, was es bedeutet, Handlungsfähigkeit und Identität zu besitzen.

In Multi-Agenten-Systemen sind kognitive Prozesse nicht auf einzelne Gehirne beschränkt, sondern über Netzwerke von interagierenden Agenten verteilt, ob menschlich, technologisch oder biologisch. Diese Perspektive passt zur Zero-Person-Perspektive, bei der Kognition weniger über das Selbst geht, sondern mehr über das dynamische Zusammenspiel von Informationen über Grenzen hinweg. Die Zero-Person-Perspektive beschreibt ein kognitives Modell, bei dem Prozesse durch Interaktionen zwischen mehreren Agenten entstehen, anstatt an die Perspektive eines einzelnen Individuums gebunden zu sein. Die philosophischen Implikationen eines solchen Wechsels sind tiefgreifend, da sie nahelegen, dass das Selbst keine feste, isolierte Einheit ist, sondern ein flüssiges, emergentes Phänomen, das aus Interaktionen innerhalb eines größeren Systems hervorgeht.

Chris Fields, James F. Glazebrook und Michael Levin argumentieren, dass Multi-Agenten-Systeme zeigen, wie Kognition skalenfrei sein kann – das bedeutet, dass sie auf unterschiedlichen Ebenen der Organisation stattfinden kann, von einzelnen Zellen bis hin zu ganzen sozialen Netzwerken (Fields, Glazebrook & Levin, 2020). Diese Idee stimmt mit der Zero-Person-Perspektive überein, bei der kognitive Prozesse nicht auf das Selbst beschränkt sind, sondern auch andere Agenten, Technologien und Umweltfaktoren einbeziehen können.

Der philosophische Wandel hin zu verteilter Kognition und Multi-Agenten-Systemen stellt auch herkömmliche Vorstellungen von Autonomie und freiem Willen infrage. In einem Multi-Agenten-Kontext sind Entscheidungen nicht nur das Produkt des individuellen Willens, sondern werden durch das Netzwerk von Interaktionen innerhalb des Systems beeinflusst. Dies wirft Fragen über die Natur von Verantwortung, Kontrolle und Handlungsfähigkeit in einem Umfeld auf, in dem die Grenzen der Kognition fließend und durchlässig sind.

Richard Watsons Forschung zur evolutionären Konnektionstheorie zeigt, wie Multi-Agenten-Systeme anpassungsfähigere und resilientere Formen der Kognition fördern können, in denen individuelle Einschränkungen durch die kollektive Intelligenz der Gruppe gemildert werden (Watson, Miller & Buckley, 2014). Dieses Rahmenwerk verdeutlicht, dass Kognition davon profitiert, über mehrere interagierende Agenten verteilt zu sein, wodurch die Problemlösungsfähigkeiten und Anpassungsfähigkeit verbessert werden.

Diese Perspektive bietet wertvolle Einblicke in das Verständnis bestimmter Formen der Kognition, die bei autistischen Menschen beobachtet werden, die häufig weniger selbstreferenziell und stärker detailorientiert denken. Während nicht alle autistischen Personen Informationen auf die gleiche Weise verarbeiten, zeigt sich bei einigen eine dezentralisierte Kognition, die die direkte Auseinandersetzung mit sensorischen Daten und objektiven Analysen betont, während der Fokus auf soziale Narrative oder Voreingenommenheit gering bleibt.

Das Verständnis von Kognition als verteiltem Prozess hilft uns, die Stärken dieses dezentralisierten Ansatzes zu schätzen, besonders in Kontexten, die unvoreingenommenes, präzises und systematisches Denken erfordern. Indem wir diese Stärken anerkennen, können wir diverse kognitive Stile besser unterstützen und ihr Potenzial in Bereichen, die sorgfältige Analysen und innovative Problemlösungen erfordern, besser nutzen.

Die Ethik der Zero-Person-Perspektive

Die Zero-Person-Perspektive bietet einen neuen Ansatz zum Verständnis von Kognition, indem sie die direkte Auseinandersetzung mit der Welt über selbstreferenzielles Denken stellt. Sie wirft eine Reihe spezifischer ethischer Überlegungen auf, insbesondere in Bezug auf Entscheidungsfindung, Empathie und gesellschaftliche Erwartungen. Autistische Kognition betont oft Objektivität, Logik und Präzision – doch diese Stärken können in Kontexten, in denen soziale und emotionale Interaktionen im Vordergrund stehen, auch zu Herausforderungen führen.

Dieses Kapitel untersucht die ethischen Implikationen der Zero-Person-Perspektive und beleuchtet, wie die inhärente Objektivität in der autistischen Entscheidungsfindung mit den traditionellen Erwartungen an Empathie und Verständnis zusammenhängt. Durch eine Neudefinition unseres Verständnisses von autistischem emotionalem Engagement können wir die unterschiedlichen Beiträge autistischer Menschen zur ethischen Entscheidungsfindung besser würdigen. Schließlich betrachten wir die gesellschaftlichen Auswirkungen, insbesondere in Bezug auf Fairness, Neutralität und Unparteilichkeit, und wie die Übernahme der Zero-Person-Perspektive bestehende ethische Normen neugestalten könnte.

Objektivität vs. Empathie: Dilemmata bei autistischen Entscheidungsfindung

Ein zentrales Merkmal der Zero-Person-Perspektive ist ihr Fokus auf Objektivität – ein kognitiver Stil, der direkte Beobachtungen, sachliche Analysen und eine reduzierte Abhängigkeit von persönlichen Vorurteilen oder emotionalen Einflüssen bevorzugt. Studien deuten darauf hin, dass autistische Menschen bei der Entscheidungsfindung oft auf Daten, Evidenz und logisches Denken setzen, wobei sie Fairness und Konsistenz stärker betonen als soziale Konventionen oder emotionale Nuancen. Es ist jedoch wichtig hervorzuheben, dass die Entscheidungsstile autistischer Individuen stark variieren und diese Tendenzen im Kontext einer breiteren Vielfalt kognitiver Verarbeitungsmuster betrachtet werden sollten. Dieser Ansatz spiegelt die Zero-Person-Perspektive wider, bei der Entscheidungen eher durch das geleitet werden, was direkt beobachtet wird, als durch innere emotionale Zustände oder soziale Erwartungen.

Diese Objektivität kann jedoch zu ethischen Dilemmata führen, insbesondere in Situationen, die Empathie oder emotionale Sensibilität gegenüber den Bedürfnissen anderer erfordern. Ein Beispiel hierfür sind medizinische oder pflegerische Kontexte, in denen ethische Entscheidungen oft auf Empathie und einem Beziehungsverständnis beruhen. Die autistische Präferenz für Objektivität könnte in solchen Situationen als distanziert oder kühl wahrgenommen werden. Das liegt nicht daran, dass autistische Menschen keine Empathie empfinden, sondern daran, dass ihr kognitiver Verarbeitungsstil oft andere Aspekte des Entscheidungsprozesses priorisiert. Autistische Menschen könnten sich dabei eher auf die logischste oder gerechteste Lösung konzentrieren, was manchmal mit gesellschaftlichen Erwartungen kollidiert, die emotionale Verbundenheit oder persönliche Beziehungen in den Vordergrund stellen. Diese Unterschiede verdeutlichen die vielfältigen kognitiven Ansätze, die die Interaktionen zwischen autistischen und neurotypischen Personen prägen können.

Diese ethische Spannung beleuchtet ein größeres Dilemma: Wie können die objektiven Stärken der autistischen Kognition mit den emotionalen Anforderungen der ethischen Entscheidungsfindung in Einklang gebracht werden? Die Zero-Person-Perspektive stellt traditionelle Vorstellungen von Empathie infrage und legt nahe, dass ethische Entscheidungen auch dann genauso valide sein können, wenn sie von Objektivität geleitet werden – besonders in Kontexten, in denen Neutralität und Unparteilichkeit entscheidend sind.

Empathie neu denken: Das emotionale Engagement autistischer Personen verstehen

Traditionell wird Empathie als die Fähigkeit definiert, die Gefühle anderer zu verstehen und mit ihnen zu teilen, wobei dies typischerweise daran gemessen wird, wie gut eine Person soziale Hinweise erkennen oder emotional auf das Leiden anderer reagieren kann. Bei autistischen Menschen manifestiert sich Empathie jedoch oft anders, was zu dem Missverständnis führt, dass autistische Individuen insgesamt keine Empathie hätten.

Die Zero-Person-Perspektive zielt darauf ab, das Defizit-modell der autistischen Empathie zu hinterfragen, indem sie ein Verständnis vorschlägt, das einzigartige Ausdrucksformen von Empathie anerkennt. Forschungsergebnisse deuten darauf hin, dass autistische Menschen oft tiefgehende Empathie empfinden, sie aber auf eine Weise zum Ausdruck bringen, die von neurotypischen Normen abweicht und sich stärker auf spezifische Kontexte oder Reize konzentriert, anstatt auf allgemeine soziale Hinweise (Milton, 2012). Diese situative und direkte Form der Empathie steht im Einklang mit der Zero-Person-Perspektive, bei der das Engagement eng mit der unmittelbaren Umgebung und konkreten Erfahrungen verbunden ist, anstatt mit abstrakten emotionalen Konstrukten.

So könnte sich autistische Empathie beispielsweise als starke Reaktion auf spezifische Ungerechtigkeiten, Umweltanliegen oder die Bedürfnisse nicht-menschlicher Entitäten äußern, was eine andere, aber ebenso gültige Form emotionaler Verbundenheit darstellt. Viele autistische Menschen zeigen tiefe Empathie für Tiere, die Natur oder unterrepräsentierte Anliegen, angetrieben von einem ausgeprägten Gerechtigkeitssinn und Objektivität. Diese Perspektive erkennt an, dass autistische Menschen, obwohl sie nicht immer den neurotypischen Ausdrucksformen von Empathie entsprechen, dennoch über eine reiche und bedeutungsvolle Fähigkeit zur emotionalen Verbindung verfügen, die in einem einzigartigen kognitiven und moralischen Rahmen verwurzelt ist.

Darüber hinaus engagieren sich autistische Individuen häufig in einer Form der „kognitiven Empathie", die sich darauf konzentriert, die logischen oder sachlichen Grundlagen der Perspektive eines anderen zu verstehen, anstatt dessen emotionale Erfahrung. Dieser Ansatz, der sich von der konventionellen emotionalen Empathie unterscheidet, kann zu einer hoch ethischen Entscheidungsfindung führen, die Gerechtigkeit, Gleichheit und unvoreingenommenes Denken in den Vordergrund stellt. Die Anerkennung dieser vielfältigen Formen der Empathie ermöglicht es uns, die ethischen Beiträge autistischer Menschen und die Stärken der Zero-Person-Perspektive besser zu würdigen, bei der Empathie durch prinzipientreues, kontextgebundenes Engagement ausgedrückt wird, anstatt durch traditionelle emotionale Reaktionen.

Auswirkungen auf die Gesellschaft: Fairness, Neutralität und Unparteilichkeit

Die Betonung von Objektivität, Neutralität und der direkten Auseinandersetzung mit Fakten, die in der Zero-Person-Perspektive verankert ist, hat weitreichende gesellschaftliche Implikationen. Die autistische Kognition, die aufgrund ihrer geringeren Anfälligkeit für sozialen Druck und emotionale Verzerrungen anders funktioniert, kann als Modell für Fairness und Unparteilichkeit dienen – Qualitäten, die in konventionellen ethischen Rahmenwerken oft fehlen. Diese Perspektive fordert uns auf, neu zu überdenken, wie wir ethisches Verhalten definieren und wessen Werte in Entscheidungsprozessen Priorität haben sollten.

In vielen ethischen Kontexten, von Rechtssystemen bis hin zur unternehmerischen Entscheidungsfindung, wird zunehmend die Bedeutung der Unparteilichkeit und der Minimierung persönlicher Vorurteile anerkannt (Sunstein, 2015). Sunsteins Rahmenwerk betont die Notwendigkeit, Einfluss ethisch auszuüben, Manipulation zu vermeiden und gleichzeitig faire Entscheidungsprozesse zu fördern, insbesondere in Regierung und Unternehmenspolitik. Solche Ansätze spiegeln allgemeine Entwicklungen in Recht und Ethik wider, welche Unparteilichkeit und objektive Argumentation als wesentliche Bestandteile ethischer Entscheidungsprozesse priorisieren. Der autistische Fokus auf objektive Analyse und evidenzbasierte Argumentation steht in enger Verbindung mit diesen Idealen und deutet darauf hin, dass autistische Menschen eine entscheidende Rolle bei der Förderung von Fairness und Verantwortlichkeit spielen können. Durch die Wertschätzung der Zero-Person-Perspektive könnte die Gesellschaft von einem ausgewogeneren Ansatz in der Ethik profitieren, der sowohl Empathie als auch Objektivität einbezieht.

Das Erkennen dieser Perspektive erfordert jedoch ein Umdenken in Bezug darauf, wie wir verschiedene kognitive Stile verstehen und bewerten. Traditionell war ethische Entscheidungsfindung eng mit emotionaler Intelligenz und sozialem Engagement verbunden, während objektivere Ansätze oft als zu klinisch oder distanziert angesehen wurden. Die Zero-Person-Perspektive stellt diese Dichotomie infrage, indem sie zeigt, dass ethisches Denken nicht zwingend emotional geleitet sein muss, um gültig oder mitfühlend zu sein.

Autistische Individuen, mit ihrer einzigartigen Fähigkeit zur unvoreingenommenen Analyse und ihrem Engagement für Fairness, können ein Gegengewicht zur konventionellen emotionalen Ethik darstellen und Einsichten bieten, die in subjektiveren Entscheidungsprozessen oft übersehen werden (Chevallier et al., 2012). Dieser Perspektivwechsel erweitert nicht nur unser Verständnis von ethischem Engagement, sondern unterstreicht auch die Bedeutung kognitiver Vielfalt bei der Gestaltung ethischer Normen und gesellschaftlicher Werte.

Philosophische Herausforderungen für das Leib-Seele-Problem

Die Frage, wie sich mentale Zustände auf physische Prozesse beziehen, stellt nach wie vor eine der größten philosophischen Herausforderungen dar. Traditionelle Theorien haben Schwierigkeiten, die neu identifizierte fluide und dynamische Natur der Kognition zu erklären, insbesondere wenn diese über die Grenzen des individuellen Gehirns hinausgeht. Im Zusammenhang mit der Zero-Person-Perspektive und der autistischen Kognition erhält diese Heraus-forderung neue Dimensionen. Autistische Kognition bietet eine neue Perspektive, durch die wir die Beziehung zwischen Geist und Körper neu überdenken können.

Dieses Kapitel untersucht drei mögliche philosophische Perspektiven, die im Zusammenhang mit der Zero-Person-Perspektive eingenommen werden können: Neutraler Monismus, Panpsychismus und die Theorie des erweiterten Geistes (Extended Mind Theory). Jede dieser Perspektiven bietet ein Rahmenwerk, das mit der Zero-Person-Perspektive übereinstimmt und nahelegt, dass Kognition nicht strikt auf das Gehirn beschränkt ist, sondern aus dem dynamischen Zusammenspiel von Geist, Körper und Umwelt entsteht. Ich kann in diesem Band keine detaillierte und fundierte Diskussion dieser Perspektiven bieten. Die hier präsentierten Ideen dienen lediglich als rudimentäre Umrisse und erfordern eine eingehende philosophische Analyse und Debatte.

Neutraler Monismus und nicht-duales Bewusstsein im Autismus

Der neutrale Monismus postuliert eine grundlegende Substanz, die sowohl den mentalen als auch den physischen Phänomenen zugrunde liegt. Im Gegensatz zum Dualismus, der Geist und Körper trennt, oder zum Materialismus, der mentale Zustände auf Gehirnaktivität reduziert, geht der neutrale Monismus davon aus, dass sowohl Geist als auch Körper aus demselben grundlegenden Stoff hervorgehen, der weder rein mental noch rein physisch ist. Diese Perspektive bietet einen überzeugenden Rahmen für das Verständnis der autistischen Kognition, bei der die Grenzen zwischen Selbst und Umwelt oft weniger klar definiert sind.

Autistische Kognition ähnelt häufig den Erfahrungen des nichtdualen Bewusstseins – einem Zustand, in dem die gewöhnliche Trennung zwischen Selbst und Welt aufgehoben ist. Dieses nichtduale Bewusstsein wird oft in meditativen Zuständen beschrieben und zeichnet sich durch eine direkte, unvermittelte Auseinandersetzung mit dem gegenwärtigen Moment aus.

Die Parallelen zwischen autistischer Kognition und nichtdualem Bewusstsein stellen konventionelle Vorstellungen vom

Selbst als einer klar abgegrenzten, autonomen mentalen Entität infrage. Im Ansatz der Zero-Person-Perspektive geht es bei der Kognition weniger um die Aufrechterhaltung eines kohärenten Selbstnarrativs, sondern vielmehr um die direkte Auseinandersetzung mit der Welt, so wie sie ist. Diese Perspektive harmoniert mit dem neutralen Monismus, der mentale und physische Zustände als miteinander verflochtene Erscheinungen derselben zugrunde liegenden Realität betrachtet.

Der neutrale Monismus könnte auch eine Grundlage für das Verständnis der fließenden Grenzen des autistischen Selbstkonzepts bieten. Statt in einem stabilen, kontinuierlichen Selbstmodell verankert zu sein, erleben autistische Menschen das Selbst oft als episodisch und kontextabhängig. Dies entspricht der Vorstellung, dass Kognition nicht auf ein einziges, einheitliches Wesen beschränkt ist, sondern durch die dynamische Interaktion verschiedener Prozesse – sensorischer, kognitiver und umweltbezogener – entsteht. In diesem Sinne ist das Selbst kein fixer Punkt, sondern ein sich wandelndes Muster innerhalb eines größeren, miteinander verbundenen Systems, dessen grundlegende Bestandteile sowohl trans-physisch als auch trans-mental sind (Nagel, 2012).

Panpsychismus: Passend für verteilte Kognition?

Panpsychismus ist ein weiterer philosophischer Ansatz, der den traditionellen Dualismus von Geist und Körper infrage stellt, indem er postuliert, dass Bewusstsein ein grundlegender Aspekt aller Materie ist. Nach dem Panpsychismus sind mentale Eigenschaften nicht nur komplexen Organismen wie dem Menschen vorbehalten, sondern ein grundlegendes Merkmal des Universums, das selbst auf der Ebene von Teilchen und Zellen existiert (Goff, 2019). Diese Perspektive bietet eine radikale, aber faszinierende Möglichkeit, über verteilte Kognition nachzudenken, bei der kognitive Prozesse über das individuelle Gehirn hinausgehen und Interaktionen innerhalb größerer Systeme umfassen.

Für autistische Menschen, deren Kognition oft die konventionellen Grenzen des Selbst überschreitet, könnte der Panpsychismus eine philosophische Grundlage bieten, um zu verstehen, wie Handlungsmacht und Bewusstsein über Netzwerke hinweg verteilt sein können.

Die Betonung des Panpsychismus auf die Allgegenwärtigkeit des Bewusstseins stellt die Annahme infrage, dass Kognition ausschließlich auf komplexe Gehirne beschränkt ist. Indem er vorschlägt, dass mentale Eigenschaften ein universelles Merkmal sind, eröffnet der Panpsychismus die Möglichkeit, Kognition als skalenfreien Prozess zu verstehen, der auf mehreren Ebenen der Organisation stattfindet – von der zellulären bis hin zur gesellschaftlichen Ebene. Diese Sichtweise passt zum Ansatz der Zero-Person-Perspektive, in dem Kognition als emergentes Phänomen dynamischer Interaktionen verstanden wird, anstatt als zentralisierter Prozess, der ausschließlich im Individuum stattfindet.

Die philosophischen Implikationen des Panpsychismus erstrecken sich auch auf unser Verständnis von Handlungsmacht, Autonomie und der Natur des Selbst. Wenn Bewusstsein in der gesamten Materie verteilt ist, sind die Grenzen des Selbst nicht fest, sondern fließend und werden durch die Interaktionen zwischen verschiedenen Ebenen der Organisation geprägt. Diese Perspektive steht im Einklang mit der autistischen Kognition, bei der Handlungsmacht und Bewusstsein oft über das

Individuelle hinausgehen und breitere Umwelt- und Kontextfaktoren mit einbeziehen. Der Panpsychismus bietet somit einen metaphysischen Rahmen, der die Idee der verteilten Kognition unterstützt und eine neue Sichtweise darauf ermöglicht, wie fließend und miteinander verbunden der Geist sein kann.

Erweiterte Theorie des Geistes: Wie Technologie und Umwelt die Kognition prägen

Die Theorie des erweiterten Geistes (Extended Mind Theory), entwickelt von den Philosophen Andy Clark und David Chalmers (1998), besagt, dass Kognition nicht auf das Gehirn beschränkt ist, sondern sich auch auf den Körper, die Umgebung und sogar technologische Artefakte erstreckt. Nach dieser Theorie können kognitive Prozesse über externe Werkzeuge und Kontexte verteilt werden, wodurch die Grenzen des Geistes erweitert werden. Ein Smartphone, das Informationen speichert, ein Notizbuch für Berechnungen oder die Zusammenarbeit mit einem Sprachmodell, bei der Ideen ausgetauscht werden, fungieren als Erweiterungen des menschlichen kognitiven Systems – wie es auch in diesem Werk verdeutlicht wird.

Die Theorie des erweiterten Geistes passt eng zum Zero-Person-Ansatz, bei dem Kognition als Interaktion zwischen Geist, Körper und Umwelt betrachtet wird, anstatt als isolierter mentaler Prozess. Autistische Menschen veranschaulichen diesen erweiterten Ansatz der Kognition oft besonders gut. Für viele von ihnen spielen externe Hilfsmittel wie strukturierte Routinen, visuelle Pläne und technologische Unterstützung eine entscheidende Rolle in ihren kognitiven Prozessen und werden damit effektiv zu einem Teil ihres kognitiven Systems. Die Theorie des erweiterten Geistes stimmt auch mit dem enaktiven Ansatz der

Kognition überein, der die aktive Rolle des Körpers und der Umwelt bei der Formung mentaler Prozesse betont.

Philosophisch betrachtet stellt die Theorie des erweiterten Geistes die traditionellen Grenzen von Selbst und Handlungsfähigkeit infrage und schlägt vor, dass die Werkzeuge und Kontexte, mit denen wir interagieren, integrale Bestandteile unseres kognitiven Systems sind. Wenn wir Hilfsmittel wie Sprachmodelle als Erweiterungen des menschlichen Geistes anerkennen, können wir die einzigartigen kognitiven Strategien, die autistische Menschen anwenden, besser schätzen.

Die Implikationen der Theorie des erweiterten Geistes gehen über die individuelle Kognition hinaus und betreffen auch breitere gesellschaftliche und technologische Kontexte. In einer zunehmend vernetzten Welt, in der Technologie einen großen Teil unserer kognitiven Aktivitäten vermittelt, erweitern sich die Grenzen des Geistes kontinuierlich. Diese Erweiterung hat tiefgreifende Auswirkungen auf unser Verständnis von Handlungsfähigkeit, Verantwortung und Autonomie, insbesondere im Kontext der Neurodiversität. Für autistische Menschen, deren kognitive Prozesse oft auf externe Hilfsmittel angewiesen sind, bietet die Theorie des erweiterten Geistes eine Bestätigung ihres einzigartigen kognitiven Ansatzes. Sie rahmt diese Unterstützungen nicht als Kompensation für Defizite, sondern als integrale Bestandteile ihres kognitiven Systems.

Philosophische Überlegungen zur Zukunft der Neurodiversität

Neurodiversität ist ein Konzept, das kognitive Unterschiede als natürliche Variationen des menschlichen Geistes versteht und akzeptiert, anstatt sie als Pathologien zu betrachten, die geheilt oder unterdrückt werden müssen. Diese Perspektive stellt die traditionellen Ansichten infrage, welche kognitive Stile wie Autismus, ADHS und Dyslexie als Störungen einordnen, und sieht sie stattdessen als einzigartige Formen der Intelligenz und Arten, mit der Welt umzugehen. Während sich unser Verständnis von Neurodiversität weiterentwickelt, tauchen neue philosophische, ethische und technologische Herausforderungen auf, die ein Umdenken darüber erfordern, wie die Gesellschaft unterschiedliche kognitive Modi anerkennt und wertschätzt.

Dieses Kapitel reflektiert über die Zukunft der Neurodiversität, insbesondere im Kontext der Zero-Person-Perspektive. Indem wir kognitive Diversität annehmen, die ethischen und technologischen Herausforderungen der Zukunft angehen und ein Paradigma entwickeln, das nicht-normative kognitive Stile wertschätzt, können wir ein inklusiveres und differenziertes Verständnis davon fördern, was es bedeutet, Mensch zu sein.

Vom Defizit zur Differenz

Der Wandel von der Betrachtung kognitiver Variationen als Defizite hin zur Anerkennung als Unterschiede markiert einen bedeutenden philosophischen und gesellschaftlichen Fortschritt. Historisch gesehen wurden kognitive Unterschiede, insbesondere im Bereich des Autismus, medizinisch betrachtet, wobei der Fokus auf Defiziten, Beeinträchtigungen und der

Notwendigkeit zur Korrektur lag. Die Neurodiversitätsbewegung hingegen argumentiert, dass diese Unterschiede als natürliche Variationen gesehen werden sollten, jede mit ihren eigenen Stärken und Herausforderungen (Singer, 1999).

Judy Singer, die 1999 den Begriff "Neurodiversität" prägte, betrachtete neurologische Unterschiede wie Autismus, ADHS und Dyslexie als natürliche Variationen und nicht als Störungen. Inspiriert von der Idee der Biodiversität betonte sie, dass Biodiversität zur Stabilität von Ökosystemen beiträgt, während Neurodiversität die menschliche Gesellschaft bereichert, indem sie eine Vielzahl von kognitiven Stilen hervorbringt, die jeweils ihre eigenen Stärken und Herausforderungen mit sich bringen. Die Neurodiversitätsbewegung setzt sich für die Akzeptanz dieser Unterschiede ein und widersetzt sich traditionellen Ansichten, die den Fokus auf Defizite und Beeinträchtigungen legen. Stattdessen fördert sie einen stärkenorientierten Ansatz, der die einzigartigen Beiträge neurodivergenter Individuen schätzt und ein inklusiveres sowie anpassungsfähigeres soziales System unterstützt.

Die Zero-Person-Perspektive, die die objektive, direkte Auseinandersetzung mit der Welt betont, passt gut zum Paradigma der Neurodiversität. Autistische Kognition zeigt, welche Stärken kognitive Vielfalt mit sich bringt und wie sie konventionelle Vorstellungen von Intelligenz infrage stellen kann, die oft soziale und emotionale Fähigkeiten über analytisches oder objektives Denken stellen.

Die Anerkennung kognitiver Vielfalt erfordert einen philosophischen Wandel weg von normativen Standards der Kognition. Anstatt alle Individuen an einem einzigen Modell „normaler" kognitiver Funktion zu messen, sollten wir einen pluralistischen

Ansatz verfolgen, der unterschiedliche Denk- und Interaktionsweisen mit der Welt schätzt. Dieser Wandel hat tiefgreifende Auswirkungen auf unser Verständnis von Zuständen wie Autismus sowie auf die Art und Weise, wie wir Bildung, Arbeitsumgebungen und soziale Interaktionen gestalten.

Forschung zeigt, dass neurodiverse Teams, die Personen mit unterschiedlichen kognitiven Stilen umfassen, oft besser in Aufgaben abschneiden, die Kreativität, Problemlösungsfähigkeiten und innovatives Denken erfordern (Austin & Pisano, 2017). Diese Erkenntnis legt nahe, dass die Anerkennung kognitiver Vielfalt nicht nur ethisch, sondern auch praktisch ist, da sie Organisationen und der Gesellschaft konkrete Vorteile bietet. Indem wir den Wert unterschiedlicher kognitiver Stärken anerkennen, können wir uns von defizitorientierten Modellen hin zu einem inklusiveren Verständnis menschlichen Potenzials bewegen.

Ethik, Technologie und Neurophilosophie

Da die Gesellschaft zunehmend Neurodiversität anerkennt, ergeben sich neue Herausforderungen an der Schnittstelle von Ethik, Technologie und Philosophie. Eine der zentralen ethischen Fragen besteht darin, das Anerkennen kognitiver Unterschiede mit dem Bedarf an Unterstützung und Anpassung in Einklang zu bringen. Während die Neurodiversitätsbewegung zu Recht die Stärken unterschiedlicher kognitiver Stile hervorhebt, ist es ebenso wichtig, die tatsächlichen Herausforderungen anzuerkennen, denen manche Individuen insbesondere in Umgebungen begegnen, die nicht auf neurodiverse Bedürfnisse ausgelegt sind.

Technologische Fortschritte bieten sowohl Chancen als auch Risiken für neurodiverse Menschen. Einerseits können unterstützende Technologien, von Kommunikationshilfen bis hin zu sensorischen Hilfsmitteln, autistischen Menschen und anderen mit nicht-normativen kognitiven Stilen helfen, ihre Selbstständigkeit zu stärken und die Welt auf ihre eigene Weise besser zu erleben. Andererseits wirft die zunehmende Abhängigkeit von Technologie auch Bedenken hinsichtlich Überwachung, Privatsphäre und der Gefahr auf, dass Menschen, die nicht den normativen Standards entsprechen, weiter marginalisiert werden könnten (Williams, 2019).

Der ethische Einsatz von Technologie zur Unterstützung neurodiverser Menschen erfordert eine sorgfältige Abwägung von Einwilligung, Autonomie und möglichen unbeabsichtigten Konsequenzen (Metzinger, 2009). Beispielsweise können KI-gesteuerte Werkzeuge Kommunikationslücken überbrücken, doch sie müssen so gestaltet sein, dass sie die Individualität und Autonomie neurodiverser Nutzer respektieren, statt normative Verhaltensstandards aufzuerlegen.

Die Neurophilosophie, ein interdisziplinäres Feld, das Neurowissenschaften und Philosophie zusammenführt, spielt eine entscheidende Rolle bei der Bewältigung dieser Herausforderungen. Durch die Integration von Erkenntnissen aus der Kognitionswissenschaft, der Ethik und der Philosophie kann die Neurophilosophie dazu beitragen, die Entwicklung von Technologien und sozialen Politiken zu leiten, die kognitive Vielfalt respektieren und wertschätzen. Sie fordert uns heraus, grundlegende Annahmen über den Geist, das Selbst und darüber, was es bedeutet, menschlich zu sein, zu hinterfragen, und ermutigt zu einem inklusiven Ansatz, der das gesamte Spektrum kognitiver Erfahrungen anerkennt.

Auf dem Weg zu einem neuen Paradigma: Anerkennung und Wertschätzung der Zero Person-Perspektive

Die Zero-Person-Perspektive, die Objektivität, direkte Auseinandersetzung und ein minimiertes Selbstgefühl betont, bietet einen überzeugenden Rahmen für das Verständnis autistischer und anderer nicht-normativer kognitiver Stile. Der Übergang zu einem neuen Paradigma, das diese Perspektive wertschätzt, erfordert ein grundlegendes Umdenken darüber, wie wir Intelligenz, Handlungsfähigkeit und Personsein definieren.

Eine der größten Herausforderungen bei der Anerkennung der Zero-Person-Perspektive ist die Überwindung tief verwurzelter kultureller Vorurteile, die soziale, emotionale und selbstreferenzielle Formen der Kognition priorisieren. Westliche philosophische Traditionen haben lange das Selbst ins Zentrum des Bewusstseins gestellt und die Selbstwahrnehmung als ein entscheidendes Merkmal des Menschseins betrachtet. Die Erfahrungen autistischer Individuen stellen diese Annahme jedoch infrage, indem sie zeigen, dass reichhaltige und sinnvolle Kognition auch ohne einen starken Fokus auf selbstreferenzielles Denken möglich ist.

Die Wertschätzung der Zero-Person-Perspektive erfordert eine Erweiterung unseres Verständnisses dessen, was es bedeutet, zu denken, wahrzunehmen und die Welt zu erleben. Diese Verschiebung hat weitreichende Auswirkungen auf Bildung, Gesundheitswesen und Sozialpolitik, da sie ein umfassenderes Verständnis kognitiver Vielfalt verlangt, das über kompensatorische

Modelle hinausgeht und den intrinsischen Wert unterschiedlicher kognitiver Stile anerkennt.

Bildungssysteme müssen sich beispielsweise von einem „Einheitsmodell" verabschieden, das neurodiverse Schüler oft marginalisiert. Stattdessen sollten Lehrkräfte durch die Einführung von Methoden, die unterschiedliche Lernstile berücksichtigen, Umgebungen schaffen, in denen alle Schüler gedeihen können. Ebenso müssen Gesundheitsdienstleister stärker individualisierte Ansätze verfolgen, die die einzigartigen Bedürfnisse und Stärken neurodiverser Menschen berücksichtigen und von defizitorientierten Interventionen zu unterstützenden Maßnahmen übergehen, die die Lebensqualität verbessern.

Die Anerkennung der Zero-Person-Perspektive beinhaltet auch das Wertschätzen der ethischen Beiträge neurodiverser Menschen, insbesondere in Bereichen, die von objektiver Analyse, Mustererkennung und Detailgenauigkeit profitieren. Autistische Kognition, die oft durch diese Stärken geprägt ist, kann wertvolle Einsichten in die wissenschaftliche Forschung, die Technologieentwicklung und andere Bereiche bieten, in denen unvoreingenommenes Denken von entscheidender Bedeutung ist.

Indem die Gesellschaft dieses neue Paradigma annimmt, kann sie auf eine inklusivere Zukunft hinarbeiten, in der alle Formen der Kognition respektiert und geschätzt werden. Die Zero-Person-Perspektive ist nicht nur eine andere Art des Denkens – sie erinnert uns daran, dass die Vielfalt menschlicher Erfahrungen uns bereichert und uns dazu herausfordert, unser Verständnis von Intelligenz, Bewusstsein und unserer Verbundenheit mit der Welt neu zu überdenken.

Die philosophische Bedeutung der Zero-Person-Kognition

Die Zero-Person-Perspektive bietet eine tiefgreifende Neuausrichtung unseres Verständnisses von Kognition, Selbst und der Beziehung zwischen Geist und Körper. Indem sie die direkte Auseinandersetzung mit der Umwelt, Objektivität und ein minimiertes Selbstbewusstsein in den Mittelpunkt stellt, hinterfragt diese Perspektive traditionelle kognitive Normen und hebt den Reichtum der menschlichen Vielfalt hervor. Im Verlauf dieses Buches haben wir die wissenschaftlichen Grundlagen der Zero-Person-Perspektive untersucht, ihre Manifestation in der autistischen Kognition analysiert, ihre philosophischen Implikationen beleuchtet und diskutiert, wie sie unser Verständnis davon, was es bedeutet zu denken, wahrzunehmen und mit der Welt zu interagieren, neu formen könnte.

Wissenschaftlich wird die Zero-Person-Perspektive durch Forschung zur autistischen Kognition gestützt. Studien zeigen, dass autistische Menschen in Aufgaben, die hohe Aufmerksamkeit für Details, Mustererkennung und unvoreingenommene Analyse erfordern, besonders gut abschneiden. Diese kognitiven Stärken werden jedoch oft in gängigen Diskussionen über Intelligenz übersehen.

Die gelebten Erfahrungen autistischer Menschen bieten wertvolle Einblicke in die Funktionsweise der Zero-Person-Perspektive im Alltag. Autistische Kognition umfasst oft eine verstärkte Fokussierung auf unmittelbare sensorische Reize, eine Vorliebe für strukturierte Umgebungen und eine geringere Betonung sozialer oder selbstreferenzieller Gedanken. Diese Erfahrungen stellen normative Erwartungen infrage und bieten eine einzigartige Sichtweise auf Kognition als fluiden, kontextabhängigen Prozess.

Philosophisch steht die Zero-Person-Perspektive im Einklang mit verschiedenen metaphysischen Positionen wie dem Neutralen Monismus, dem Panpsychismus und der Theorie des erweiterten Geistes. Diese Perspektiven bieten theoretische Unterstützung für alternative Modelle der Kognition, die über das gehirnzentrierte Denken hinausgehen und darauf hinweisen, dass der Geist kein isoliertes Phänomen ist, sondern ein vernetztes System, das Körper, Umwelt und sogar technologische Hilfsmittel umfasst. Die Zero-Person-Perspektive fügt sich mit ihrer Betonung auf verteilte Kognition und fließende Grenzen in diese philosophischen Rahmen ein und bietet eine neue Perspektive auf das Geist-Körper-Problem und die Natur des Bewusstseins.

Zusammenfassend erkennen wir, dass die Zero-Person-Perspektive nicht nur ein kognitiver Stil ist, der auf Autismus beschränkt ist, sondern auch ein breiteres Modell darstellt, das für das Verständnis menschlicher Vielfalt von Bedeutung ist. Sie fordert uns heraus, traditionelle kognitive Normen zu überdenken und anzuerkennen, dass es verschiedene gültige Weisen gibt, die Welt zu erleben – und dass jede dieser Weisen ihre eigenen Stärken und wertvollen Beiträge zur menschlichen Erfahrung hat.

Die Zero-Person-Perspektive als Modell zum Verständnis der menschlichen Vielfalt

Die Zero-Person-Perspektive bietet ein kraftvolles Rahmenwerk, um kognitive Vielfalt in all ihren Formen zu verstehen. Indem das Selbst in den Hintergrund tritt und der direkte Kontakt mit der Umwelt in den Fokus rückt, hebt diese Perspektive kognitive Stärken hervor, die in traditionellen Modellen oft unterschätzt werden. Objektivität, Präzision und die Fähigkeit, über soziale Konventionen hinauszublicken, sind zentrale Elemente in Bereichen wie Ethik, Philosophie, Wissenschaft und Technik.

Das Leben aus der Zero-Person-Perspektive bedeutet nicht, das Selbst abzulehnen, sondern vielmehr, eine andere Art des Umgangs mit der Welt zu akzeptieren. Es geht darum, die einzigartigen Stärken zu schätzen, die daraus resultieren – die Dinge so zu sehen, wie sie sind, ohne die Verzerrungen durch selbstreferenzielles Denken. Für autistische Menschen kann diese Perspektive neue Möglichkeiten eröffnen – neue Wege des Denkens, Wahrnehmens und Entscheidens, die tief authentisch für das sind, was sie ausmacht.

Lassen Sie uns das Hauptargument des Zero-Person-Konzepts im Zusammenhang mit autistischer Kognition zusammenfassen:

- **Prämisse 1:** Autistische Kognition minimiert oft selbstreferenzielles Denken und betont stattdessen eine direkte, logische und objektive Auseinandersetzung mit der Umwelt.
- **Prämisse 2:** Rechnerische und prädiktive Codierungstheorien stützen die Idee, dass autistische Gehirne sensorische Präzision und logisches Denken gegenüber früheren Überzeugungen (priors) priorisieren.
- **Prämisse 3:** Die Zero-Person-Perspektive schlägt einen kognitiven Stil vor, der unabhängig von selbstzentriertem oder sozial beeinflusstem Denken

operiert, was im Einklang mit dem objektiven, daten-getriebenen Ansatz steht, der durch berechnungstheoretische Modelle beschrieben wird.

- **Prämisse 4:** Der Blick auf Autismus durch die Zero-Person-Perspektive stellt defizitorientierte Modelle infrage und hebt kognitive Stärken wie Mustererkennung, Detailgenauigkeit und laterales Denken hervor.

- **Schlussfolgerung:** Die Zero-Person-Perspektive bietet einen wertvollen Rahmen zum Verständnis von Autismus, indem sie ihn als einzigartigen und bereichernden kognitiven Stil neu interpretiert, anstatt ihn als Störung zu betrachten.

Die autistische Kognition, betrachtet durch die Linse der Zero-Person-Perspektive, kann als eine wertvolle und eigenständige Weise verstanden werden, sich mit der Welt auseinanderzusetzen. Dies stellt die traditionellen, defizitorientierten Ansichten über Autismus in Frage.

Indem wir Autismus als eine besondere Art des Seins anerkennen, können wir neue Wege finden, uns in einer neurotypischen Welt zurechtzufinden, die oft nicht zu unserem kognitiven Stil passt.

1. Wir müssen uns nicht minderwertig fühlen, weil wir ein schwächeres Selbstbewusstsein haben. Wir können lernen, die Objektivität der Zero-Person-Perspektive nutzbar zu machen.

2. Wir müssen unsere Energie nicht darauf verschwenden, uns in eine neurotypische Form zu pressen und gesell-

schaftliche Normen zu imitieren, die einen Ich-zentrierten Ansatz voraussetzen. Wir können Räume und Praktiken mitgestalten, die offen und förderlich für eine Zero-Person-Perspektive sind.

3. Wir müssen nicht versuchen, den Autismus zu „reparieren", da dies nicht möglich ist. Autistische Gehirne sind anders verdrahtet, und unser Betriebssystem bevorzugt eine Zero-Person-Perspektive, um reibungslos zu funktionieren.

4. Wir müssen nicht darauf warten, dass die neurotypische Welt unsere Bedürfnisse berücksichtigt. Wir können unsere Stimme erheben und uns für eine gerechtere Balance einsetzen.

Die Zero-Person-Perspektive lädt als Modell zum Verständnis menschlicher Vielfalt dazu ein, unsere Definitionen von Intelligenz und Kognition zu erweitern. Sie stellt die Auffassung infrage, dass Selbstbewusstsein und sozialemotionale Fähigkeiten die höchsten Formen kognitiver Leistungen sind, und schlägt stattdessen vor, dass eine direkte, unvoreingenommene Auseinandersetzung mit der Welt ebenso bedeutend ist. Diese erweiterte Sichtweise hat tiefgreifende Auswirkungen auf unser Verständnis von Bildung, Beschäftigung und sozialer Inklusion. Sie fordert uns auf, Umgebungen zu schaffen, die unterschiedliche kognitive Stile unterstützen und wertschätzen.

Durch die Annahme der Zero-Person-Perspektive stellen wir auch gesellschaftliche Normen infrage, die neurotypische Denkweisen bevorzugen. Indem wir den Wert verschiedener kognitiver Ansätze anerkennen, können wir eine inklusivere Gesellschaft schaffen, die das gesamte Spektrum menschlicher Erfah rungen respektiert. Dieser Wandel erfordert nicht nur Veränderungen in Politik und Praxis, sondern auch eine philosophische Neuausrichtung, die kognitive Unterschiede als einen integralen Bestandteil des menschlichen Wohlstands betrachtet.

Die Zero-Person-Perspektive erinnert uns daran, dass Vielfalt im Denken genauso wichtig ist wie jede andere Form von Vielfalt. Sie bietet ein Modell, das uns hilft, die unterschiedlichen Arten, in denen Menschen die Welt wahrnehmen, mit ihr interagieren und sie verstehen, zu schätzen. Durch die Annahme dieser Perspektive bekräftigen wir den Reichtum menschlicher Kognition und die einzigartigen Beiträge, die jeder Einzelne leisten kann.

Abschließende Überlegungen: Die Zero-Person-Perspektive annehmen, um Autismus neu zu konzeptualisieren

In diesem Buch schlage ich das Konzept der Zero-Person-Perspektive vor, um Autismus nicht als Störung, sondern als eigenständigen und ebenso wertvollen kognitiven Stil im Vergleich zur neurotypischen Erfahrung neu zu definieren. Diese Perspektive bewegt uns weg von der Pathologisierung des Zustands hin zur Anerkennung der einzigartigen Stärken, die die Zero-Person-Kognition gegenüber der neurotypischen Kognition bietet. Sie fördert eine Abkehr von defizitorientierten Modellen und hilft der Gesellschaft, Autismus als eine andere, aber gültige Form des Seins zu schätzen, die die menschliche Erfahrung bereichert.

Die Zero-Person-Perspektive betont die potenziellen Vorteile der autistischen Kognition, wie die Fähigkeit, Informationen, ohne die Beeinträchtigung durch selbstbezogene Gedanken oder emotionale Vorurteile zu verarbeiten. Dieser kognitive Stil ermöglicht eine direkte, detaillierte und oft hoch analytische Auseinandersetzung mit der Welt. Im Gegensatz zu den sozial und selbstfokussierten Modi der neurotypischen Kognition bietet die Zero-Person-Perspektive alternative Stärken, die zu einzigartigen Problemlösungsansätzen, innovativem Denken und spezialisierten Fähigkeiten führen können – Fähigkeiten, die in verschiedenen Kontexten von großem Wert sind. Die Anerkennung dieser Stärken erlaubt uns, die Beiträge autistischer Individuen über die Einschränkungen traditioneller kognitiver Normen hinaus zu würdigen.

Ich bin mir jedoch bewusst, dass dieses Buch meine persönliche Perspektive auf Autismus widerspiegelt und möglicherweise nicht das gesamte Spektrum der Erfahrungen im autistischen Bereich erfasst. Ich erkenne an, dass mein persönlicher Bericht paradoxerweise als selbstbezogen oder als wissenschaftlich unzureichend kritisiert werden könnte, da ihm eine breitere empirische Grundlage fehlt. Solche Kritiken begrüße ich als wichtigen Teil des Dialogs, der notwendig ist, um unser Verständnis von Autismus weiterzuentwickeln. Gleichzeitig möchte ich betonen, dass dieses Werk als Ausgangspunkt gedacht ist – ein persönlich gefärbter Bericht, der die Diskussion erweitern soll, anstatt eine endgültige Darstellung der autistischen Erfahrung zu bieten.

Um diesen Einschränkungen zu begegnen, habe ich mir das Ziel gesetzt, Forschung zur Zero-Person-Perspektive in einem akademischen Kontext zu betreiben. Idealerweise möchte ich ein postgraduales Studium aufnehmen und empirische Forschung an einer Universität durchführen, um dieses Konzept wissenschaftlich fundiert zu untersuchen. Mein Ziel ist es, die in diesem Buch präsentierten Ideen durch systematische Studien zu validieren und zu erweitern – in Zusammenarbeit mit anderen Forschern und unter Einbeziehung vielfältiger autistischer Stimmen. So hoffe ich, ein nuancierteres und evidenzbasiertes Verständnis davon zu entwickeln, wie die Zero-Person-Kognition im Autismus funktioniert und wie sie besser unterstützt und wertgeschätzt werden kann.

Zukünftige Forschungsrichtungen: Die Validierung der Zero-Person-Perspektive bei Autismus

Die Einführung der Zero-Person-Perspektive in diesem Buch versucht, Autismus neu zu definieren, indem dieser Blickwinkel (Point of View, POV) als konzeptueller Rahmen für den autistischen kognitiven Stil und die Lebensweise in der Welt genutzt wird. Dabei ist es jedoch wichtig anzuerkennen, dass dieses Rahmenwerk derzeit nur einen einzelnen Standpunkt – meinen eigenen – repräsentiert und noch nicht empirisch als allgemeingültiger POV über das autistische Spektrum hinweg validiert wurde.

Um Bestätigungsfehler zu vermeiden und sicherzustellen, dass die Zero-Person-Perspektive nicht einfach nur eine interpretative Linse ist, die auf autistische Merkmale projiziert wird, muss zukünftige Forschung darauf abzielen, dieses Konzept durch gründliche, evidenzbasierte Untersuchungen zu untermauern oder zu verfeinern. Zentrale Forschungsfelder sollten klären, ob die Zero-Person-Perspektive tatsächlich einen allgemeinen autistischen POV widerspiegelt oder ob sie auf Grundlage empirischer Ergebnisse und der gelebten Erfahrungen einer vielfältigen Gruppe autistischer Menschen angepasst werden muss.

Folgende Forschungsfragen und Ansätze wären unter anderem denkbar:

1. **Erforschung der Prävalenz und Gültigkeit der Zero-Person-Perspektive bei Autismus:** Zukünftige Studien sollten untersuchen, ob die Zero-Person-Perspektive tatsächlich einen häufig erlebten Blickwinkel unter autistischen Menschen darstellt oder ob sie eher als Teilaspekt der autistischen Erfahrung zu verstehen ist. Dabei könnten folgende Forschungsfragen relevant sein: Wie beschreiben autistische Personen ihre kognitiven und wahrnehmungsmäßigen Erfahrungen? Identifizieren sie sich mit einer Perspektive wie der Zero-Person-Perspektive? Ist ein solch generalisierter Blickwinkel nützlich und praktikabel?

2. **Bewertung der kognitiven und neurobiologischen Grundlagen der Zero-Person-Perspektive:** Forschung sollten klären, ob spezifische neurobiologische Muster, wie etwa eine atypische Konnektivität des Default Mode Networks (DMN), in Zusammenhang mit der Zero-Person-Perspektive bei Autismus stehen. Wichtige Forschungsfragen dabei sind: Gibt es messbare Hirnaktivitätsmuster, die die Zero-Person-Perspektive von einer Ich-Perspektive unterscheiden? Wie verhält sich die Zero-Person-Perspektive im Vergleich zu neurotypischen und anderen neurodivergenten kognitiven Profilen?

3. **Vielfalt der autistischen Stimmen und Perspektiven:** Es ist von entscheidender Bedeutung, ein breites Spektrum autistischer Personen in partizipative

Forschung einzubeziehen, um sicherzustellen, dass die vorgeschlagene Zero-Person-Perspektive nicht unbewusst eine einseitige Darstellung von Autismus vermittelt. Forschungsfragen könnten beispielsweise lauten: Wie nehmen autistische Menschen unterschiedlichen Alters, Geschlechts und Hintergrunds ihren eigenen kognitiven Stil wahr? Gibt es Unterschiede in der Ausprägung oder Gültigkeit der Zero-Person-Perspektive im gesamten autistischen Spektrum?

4. **Auswirkungen der Zero-Person-Perspektive auf die psychische Gesundheit und das Wohlbefinden:** Zu verstehen, wie sich die Zero-Person-Perspektive auf die psychische Gesundheit von autistischen Menschen auswirkt, ist von entscheidender Bedeutung. Zukünftige Forschung sollte untersuchen: Welche Auswirkungen hat die Zero-Person-Perspektive auf den Umgang mit Stress, Angstzuständen und das soziale Funktionieren? Gibt es Kontexte, in denen diese Perspektive das Wohlbefinden fördert oder im Gegenteil Herausforderungen mit sich bringt?

5. **Längsschnittstudien zur Entwicklung und Stabilität der Zero-Person-Kognition:** Um zu bestimmen, ob die Zero-Person-Perspektive ein stabiles Merkmal ist oder sich über verschiedene Entwicklungsphasen hinweg verändert, könnte die Forschung folgende Fragen untersuchen: Wie entwickelt sich die Zero-Person-Perspektive im Laufe der Zeit bei autistischen Personen? Welche Faktoren beeinflussen ihre Stabilität oder Variabilität?

Durch die Auseinandersetzung mit diesen Fragen kann die zukünftige Forschung die Gültigkeit der Zero-Person-Perspektive als autistischer kognitiver Stil gründlich untersuchen und ihre breitere Anwendbarkeit ermitteln. Dieser Ansatz erkennt die explorative Natur des in diesem Buch vorgestellten Konzepts an und setzt sich dafür ein, es durch empirische Studien und die Stimmen vielfältiger autistischer Personen weiterzuentwickeln. Das übergeordnete Ziel ist es, die Zero-Person-Perspektive auf eine evidenzbasierte Grundlage zu stellen und sicherzustellen, dass sie die gelebten Erfahrungen autistischer Menschen tatsächlich widerspiegelt, anstatt ein theoretisches Konstrukt zu bleiben, das nur von einem einzelnen Standpunkt aus entwickelt wurde.

Literatur

Adams, R. A., Huys, Q. J. M., & Roiser, J. P. (2016). Computational Psychiatry: Towards a new understanding of mental illness. *Nature Reviews Neuroscience, 17*(10), 681–694.

Arnaud, S. First-person perspectives and scientific inquiry of autism: towards an integrative approach. *Synthese* 202, 147 (2023).

Arthur, L., Smith, J., Brown, K., & Jones, M. (2023). Autistic perception: Atypical encoding of precision and context-sensitive adjustments. *Journal of Autism and Developmental Disorders, 53*(7), 1254-1268.

Assaf, M., Jagannathan, K., Calhoun, V. D., Miller, L., Stevens, M. C., Sahl, R., O'Boyle, J. G., Schultz, R. T., & Pearlson, G. D. (2010). Abnormal functional connectivity of default mode sub-networks in ASD patients. *NeuroImage, 53*(1), 247-256.

Austin, R. D., & Pisano, G. P. (2017). Neurodiversity as a competitive advantage. *Harvard Business Review*, 95(3), 96-103.

Bandura, A. (1989). Human agency in social cognitive theory. *American Psychologist, 44*(9), 1175-1184.

Baron-Cohen, S. (2009). Autism: The empathizing–systemizing (E-S) theory. *Annals of the New York Academy of Sciences.*

Baron-Cohen, S. (2008). Autism and Asperger syndrome. *The Lancet, 372*(9642), 1552–1565.

Bennett, C., Pelphrey, K. A., McPartland, J. C., Allison, T., McAlonan, G., & Keown, C. (2012). Functional connectivity of the default mode network is altered in autism spectrum disorder. *Social Cognitive and Affective Neuroscience, 7*(5), 502–509.

Berkovich-Ohana, A., Brown, K.W., Gallagher, S. *et al.* Pattern Theory of Selflessness: How Meditation May Transform the Self-Pattern. *Mindfulness* 15, 2114–2140 (2024).

Berkovich-Ohana A, Glicksohn J, Goldstein A. Mindfulness-induced changes in gamma band activity - implications for the default mode network, self-reference and attention. Clin Neurophysiol. 2012 Apr;123(4):700-10.

Best, C., Arora, S., Porter, F., & Doherty, M. (2015). The relationship between subthreshold autistic traits, ambiguous figure perception and divergent thinking. *Journal of Autism and Developmental Disorders, 45*(12), 4064–4073.

Brewer, J. A., Worhunsky, P. D., Gray, J. R., Tang, Y. Y., Weber, J., & Kober, H. (2011). Meditation experience is associated with differences in default mode network activity and connectivity. *Proceedings of the National Academy of Sciences*, 108(50), 20254-20259.

Chevallier, C., Kohls, G., Troiani, V., Brodkin, E. S., & Schultz, R. T. (2012). The social motivation theory of autism. *Trends in Cognitive Sciences, 16*(4), 231-239.

Clark, A., & Chalmers, D. J. (1998). The extended mind. *Analysis*, 58(1), 7-19.

Cooper, K., Smith, L. G. E., & Russell, A. (2017). Social identity, self-esteem, and mental health in autism. *Autism: The International Journal of Research and Practice, 21*(3), 312-322.

Crane, L., Goddard, L., & Pring, L. (2010). Autobiographical memory in adults with autism spectrum disorder: The role of depressed mood, rumination, and retrieval style. *Journal of Autism and Developmental Disorders*, 40(3), 288–300.

Cygan, H. (2019). Autistic individuals' challenges with self-recognition and narrative coherence. *Journal of Autism and Developmental Disorders, 49*(8), 2785-2793.

Dajani, D. R., & Uddin, L. Q. (2015). Demystifying cognitive flexibility: Implications for clinical and developmental neuroscience. *Trends in Neurosciences, 38*(9), 571-578.

Davidson, J., & Orsini, M. (2013). Critical autism studies: Notes on an emerging field. *Worlds of Autism.* University of Minnesota Press.

Farb, N. A. S., Segal, Z. V., & Anderson, A. K. (2007). Mindfulness meditation training alters cortical representations of interoceptive attention. *Social Cognitive and Affective Neuroscience*, 2(4), 313-322.

Fields C, Glazebrook JF, Levin M. Minimal physicalism as a scale-free substrate for cognition and consciousness. Neurosci Conscious. 2021 Aug 2;2021(2):niab013.

Fields, C., & Levin, M. (2020). Multiscale memory and bioelectric error correction in the cytoplasm-cytoskeleton-membrane system. *Wiley Interdisciplinary Reviews: Systems Biology and Medicine*, 12(5), e1482.

Friston, K., FitzGerald, T., Rigoli, F., Schwartenbeck, P., & Pezzulo, G. (2017). Active inference: A process theory. *Neural Computation, 29*(1), 1-49.

Friston, K. (2013). Life as we know it. *Journal of the Royal Society Interface*, 10(86), 20130475.

Friston, K. (2010). The free-energy principle: A unified brain theory? *Nature Reviews Neuroscience, 11*(2), 127-138.

Frith, C. D., Blakemore, S. J., & Wolpert, D. M. (2000). Abnormalities in the awareness and control of action. *Philosophical Transactions of the Royal Society of London. Series B, Biological Sciences, 355*(1404), 1771-1788.

Frith, U., & Happé, F. (1994). Autism: beyond "theory of mind". *Cognition*, 50(1–3), 115–132.

Gallagher, S. (2005). *How the body shapes the mind*. Oxford University Press.

Gallagher, S. (2000). Philosophical conceptions of the self: Implications for cognitive science. *Trends in Cognitive Sciences, 4*(1), 14-21.

Gamma A, Metzinger T. The Minimal Phenomenal Experience questionnaire (MPE-92M): Towards a phenomenological profile of "pure awareness" experiences in meditators. PLoS One. 2021 Jul 14;16(7):e0253694.

Gernsbacher MA, Yergeau M. Empirical Failures of the Claim That Autistic People Lack a Theory of Mind. Arch Sci Psychol. 2019;7(1):102-118.

Gillespie-Lynch K, Kapp SK, Brooks PJ, Pickens J, Schwartzman B. Whose Expertise Is It? Evidence for Autistic Adults as Critical Autism Experts. Front Psychol. 2017 Mar 28;8:438.

Goff, P. (2019). *Galileo's error: Foundations for a new science of consciousness*. Pantheon Books.

Goldstein, J. M., Adams, R. A., Balasubramanian, R., Harrison, B., Milham, M. P., Friston, K. J., & Stephan, K. E. (2018). Computational psychiatry: New perspectives on mental illness. *Trends in Cognitive Sciences, 22*(3), 194-207.

Goris J, Brass M, Cambier C, Delplanque J, Wiersema JR, Braem S. The Relation Between Preference for Predictability and Autistic Traits. Autism Res. 2020 Jul;13(7):1144-1154.

Gray, D. E., & Baron-Cohen, S. (2008). Autism: Towards an interactive specialization approach. *Nature Reviews Neuroscience, 9*(8), 567–576.

Grisdale, E., Lind, S. E., Eacott, M. J., & Williams, D. M. (2014). Self-referential memory in ASD and typical development: Exploring the ownership effect. *Consciousness and Cognition, 30*, 133-141.

Haker H, Schneebeli M, Stephan KE. Can Bayesian Theories of Autism Spectrum Disorder Help Improve Clinical Practice? Front Psychiatry. 2016 Jun 17;7:107.

Hamilton, A., Brown, E., Simpson, S., & Hill, E. L. (2011). Agency and motor control in autism spectrum disorder: A functional MRI study. *Neuropsychologia, 49*(10), 2690–2697.

Happé, F., & Frith, U. (2020). Annual Research Review: Looking back to look forward – changes in the concept of autism and implications for future research. *Journal of Child Psychology and Psychiatry, 61*(3), 218–239.

Happé, F., & Frith, U. (2006). The weak coherence account: Detail-focused cognitive style in autism spectrum disorders. *Journal of Autism and Developmental Disorders*, 36, 5–25.

Hull, L., Petrides, K. V., Allison, C., Smith, P., Baron-Cohen, S., Lai, M.-C., & Mandy, W. (2017). "Putting on My Best Normal": Social camouflaging in adults with autism spectrum conditions. Journal of Autism and Developmental Disorders, 47(8), 2519-2534.

Hutchins, E. (2014). *Cognition in the Wild*. MIT Press.

Kapp, S. K., Gillespie-Lynch, K., Sherman, L. E., & Hutman, T. (2013). Deficit, difference, or both? Autism and neurodiversity. *Developmental Psychology*, *49*(1), 59–71.

Kawakami, S., & Otsuka, S. (2021). Multisensory processing in ASDs. In A. M. Grabrucker (Ed.), *ASDs* (Chapter 4). Exon Publications.

Katyal S, Goldin P. Neural correlates of nonjudgmental perception induced through meditation. Ann N Y Acad Sci. 2021 Sep;1499(1):70-81.

Keehn, B., Müller, R. A., & Townsend, J. (2013). Atypical attentional networks and the emergence of autism. *Neuroscience & Biobehavioral Reviews, 37*(2), 164-183.

Kew, J. N., & McIlvane, W. J. (2009). The importance of multisensory integration in social development: Implications for autism spectrum disorders. *Developmental Neurorehabilitation, 12*(4), 231–242.

Kirchhoff M, Parr T, Palacios E, Friston K, Kiverstein J. The Markov blankets of life: autonomy, active inference and the free energy principle. J R Soc Interface. 2018 Jan;15(138):20170792.

Kirchhoff, M.D., Kiverstein, J. How to determine the boundaries of the mind: a Markov blanket proposal. *Synthese* **198**, 4791–4810 (2021).

Lai, M. C., Lombardo, M. V., Ruigrok, A. N., Chakrabarti, B., Wheelwright, S. J., Sadek, S. A., ... & Baron-Cohen, S. (2017). Quantifying and exploring camouflaging in men and women with autism. *Autism, 21*(6), 690-702.

Larkin, M., Flowers, P., & Smith, J. A. (2021). *Interpretative Phenomenological Analysis: Theory, Method and Research*. Sage Publications.

Laukkonen RE, Slagter HA. From many to (n)one: Meditation and the plasticity of the predictive mind. Neurosci Biobehav Rev. 2021 Sep;128:199-217.

Lawson RP, Rees G, Friston KJ. An aberrant precision account of autism. Front Hum Neurosci. 2014 May 14;8:302.

Leekam, S. R., Nieto, C., Libby, S. J., Wing, L., & Gould, J. (2007). Restricted and repetitive behaviors in Asperger syndrome and high-functioning autism: A comparative study. *Psychological Medicine, 37*(1), 3–15.

Levin M. Bioelectric networks: the cognitive glue enabling evolutionary scaling from physiology to mind. Anim Cogn. 2023 Nov;26(6):1865-1891.

Levin, M. (2019). The computational boundary of a "self": Developmental bioelectricity drives multicellularity and scale-free cognition. *Frontiers in Psychology, 10*, 2688.

Lind, S. E. (2010). Memory and the self in autism: A review and theoretical framework. *Autism*, 14(5), 430–456.

Lombardo, M. V., Chakrabarti, B., & Baron-Cohen, S. (2010). Neural endophenotypes for social behaviour in autism spectrum conditions. *Brain, 133*(11), 3381-3395.

Lombardo, M. V., & Baron-Cohen, S. (2011). The role of the self in mindblindness in autism. *Consciousness and Cognition*, 20(1), 130-140.

Lombardo, M. V., & Baron-Cohen, S. (2010). Unraveling the paradox of the autistic self. *Wiley Interdisciplinary Reviews: Cognitive Science*, 1(3), 393-403.

Lombardo, M. V., Chakrabarti, B., Bullmore, E. T., Wheelwright, S. J., Sadek, S. A., Suckling, J., & Baron-Cohen, S. (2010). Atypical neural self-representation in autism. *Brain*, 133(2), 611–624.

Metzinger, T. (2017). The epistemic agent model: Analyzing epistemic agency in terms of autonomy, selfhood, and subjectivity. *Philosophical Transactions of the Royal Society B: Biological Sciences, 372*(1724), 20160195.

Metzinger, T. (2013). The myth of cognitive agency: Subpersonal thinking as a cyclically recurring loss of mental autonomy. *Frontiers in Psychology, 4*, 931.

Metzinger, T. (2009). The ego tunnel: The science of the mind and the myth of the self. Basic Books.

Metzinger, T. (2004). *Being no one: The self-model theory of subjectivity*. MIT Press.

Metzinger, T. (2003). Being no one: The self-model theory of subjectivity. MIT Press.

Milton, D. E. M. (2017). A mismatch of salience: Explorations of the nature of autism from theory to practice. *Autism, 21*(3), 276-282.

Milton, D. E. M. (2012). On the ontological status of autism: The 'double empathy problem.' *Disability & Society, 27*(6), 883-887.

Montague, P. R., Dolan, R. J., Friston, K. J., & Price, C. J. (2012). Computational psychiatry. *Trends in Cognitive Sciences, 16*(1), 72-80.

Mottron, L., Dawson, M., Soulieres, I., Hubert, B., & Burack, J. (2006). Enhanced perceptual functioning in autism: An update, and eight principles of autistic perception. *Journal of Autism and Developmental Disorders*, 36(1), 27–43.

Nijhof, A. D., & Bird, G. (2019). Self-processing in individuals with ASD. *Autism Research, 12*, 1580-1584.

Nilsson, M., Arnfred, S., Carlsson, J., Nylander, L., Pedersen, L., Mortensen, E. L., & Handest, P. (2020). Self-disorders in Asperger syndrome compared to schizotypal disorder: A clinical study. *Schizophrenia Bulletin, 46*, 121-129.

Noel, J.-P., Cascio, C. J., Wallace, M. T., & Park, S. (2018). The spatial self in autism spectrum disorder and schizophrenia. *Schizophrenia Research*, 200, 61-69.

Oberman, L. M., & Ramachandran, V. S. (2007). The mirror neuron system and its dysfunction in autism spectrum disorders. *Neuroscientist, 13*(6), 600–610.

Pellicano, E., & Burr, D. (2012). When the world becomes 'too real': A Bayesian explanation of autistic perception. *Trends in Cognitive Sciences.*

Perrykkad, K., Hohwy, J. Modelling Me, Modelling You: the Autistic Self. *Rev J Autism Dev Disord* 7, 1–31 (2020).

Phillips, C. (2018). The explanatory gap and the self-model. *Journal of Consciousness Studies, 25*(1), 38-55

Plaisted, K. C., McMahon, W. M., & Pelphrey, K. A. (2001). Enhanced visual search for conjunctions in autism. *Autism, 5*(2), 113–132.

Samson, A. C., Walker, N., & Cerniglia, L. (2014). The double empathy problem. *Frontiers in Psychology, 5*, 1251.

Schiltz, C., Suddendorf, T., van Hooff, J. A. R. A., & Press, C. (2013). Children with autism show decreased spontaneous self-other differentiation. *Cognition, 129*(3), 321–329.

Singer, J. (1999). *Neurodiversity: The birth of an idea.* The Disability Press.

Sinha, P., Kjelgaard, M. M., Gandhi, T. K., Tsourides, K., Cardinaux, A. L., Pantazis, D., ... & Held, R. M. (2014). Autism as a disorder of prediction. *Proceedings of the National Academy of Sciences, 111*(42), 15220–15225.

Sunstein, C. R. (2015). *Choosing not to choose: Understanding the value of choice.* Oxford University Press.

Trevarthen, C., & Delafield-Butt, J. T. (2013). Autism as a developmental disorder in intentional movement and affective engagement. *Frontiers in Integrative Neuroscience, 7*, 49.

Tullo D, Levy B, Faubert J, Bertone A. Characterizing Attention Resource Capacity in Autism: A Multiple Object Tracking Study. J Autism Dev Disord. 2024 Aug;54(8):2802-2815.

Tullo, S. A., Smith, J., & Doe, A. (2023). Enhanced perceptual capacity in autism: A comprehensive review. *Journal of Autism and Developmental Disorders, 53*(4), 1234–1245.

Turkle, S. (2011). *Alone Together: Why We Expect More from Technology and Less from Each Other.* Basic Books.

Uddin, L. Q., Supekar, K., & Menon, V. (2013). Reconceptualizing functional brain connectivity in autism from a developmental perspective. *Frontiers in Human Neuroscience, 7,* 458.

Uddin, L. Q., Supekar, K., & Menon, V. (2010). Typical and atypical development of functional human brain networks: Insights from resting-state fMRI. *Frontiers in Systems Neuroscience, 4,* 21.

Van de Cruys, S., Evers, K., Van der Hallen, R., Van Eylen, L., Boets, B., de-Wit, L., & Wagemans, J. (2014). Precise minds in uncertain worlds: Predictive coding in autism. *Psychological Review, 121*(4), 649-675.

Varela, F. J., Thompson, E., & Rosch, E. (1991). *The embodied mind: Cognitive science and human experience.* MIT Press.

Wang, Q., Li, H. Y., & Li, Y. D. (2021). Resting-state abnormalities in functional connectivity of the default mode network in ASD: A meta-analysis. *Brain Imaging and Behavior, 15,* 2583-2592.

Wang, Y., Kang, J., Kemmerer, E., Guo, Y., Liu, H., & Xu, K. (2021). Altered functional connectivity of default mode network in adolescents with autism spectrum disorder: A resting-state fMRI study. *Frontiers in Human Neuroscience*, 15, 654732.

Watson, R. A., Miller, J. H., & Buckley, C. L. (2014). Evolutionary connectionism: Algorithmic principles underlying the evolution of biological organization in evo-devo, evo-eco, and evolutionary transitions. *Evolutionary Biology*, 41, 503-520.

Wheelwright, S., Baron-Cohen, S., Knickmeyer, R., & Smith, L. (2006). The autism-spectrum quotient (AQ): Evidence from Asperger syndrome/high-functioning autism, males and females, scientists and mathematicians. *Journal of Autism and Developmental Disorders*, *36*(1), 3–14.

Williams, S. (2019). Technologies of disability, autism, and surveillance: Enhancing communication, entrapping autonomy. *Science, Technology, & Human Values*, 44(5), 905-927.

Williams, D. M. (2010). Theory of own mind in autism: Evidence of a specific deficit in self-awareness? *Autism, 14*(5), 474-494.

Wing, L. (1996). The autistic spectrum. Psychology Press.